DES TÉNÈBRES À LA DOMINATION : 40 jours pour se libérer de l'emprise cachée des ténèbres

Un recueil de dévotion mondial de conscience, de délivrance et de puissance

Pour les individus, les familles et les nations prêts à être libres

Par

Zacharias Godseagle; Ambassador Monday O. Ogbe and Comfort Ladi Ogbe

Table des Matières

À propos du livre – DES TÉNÈBRES À LA DOMINATION 1
Texte de la quatrième de couverture 4
Promotion média en un paragraphe (presse/e-mail/texte publicitaire) 5
Dévouement 7
Remerciements 8
Au lecteur 10
Comment utiliser ce livre 12
Préface 15
Avant-propos 17
Introduction 19
CHAPITRE 1 : LES ORIGINES DU ROYAUME DES TÉNÈBRES 22
CHAPITRE 2 : COMMENT FONCTIONNE LE ROYAUME DES TÉNÈBRES AUJOURD'HUI 25
CHAPITRE 3 : POINTS D'ENTRÉE – COMMENT LES GENS DEVENENT ACCRO 28
CHAPITRE 4 : MANIFESTATIONS – DE LA POSSESSION À L'OBSESSION 30
CHAPITRE 5 : LE POUVOIR DE LA PAROLE – L'AUTORITÉ DES CROYANTS 33
JOUR 1 : LIGNÉES ET PORTES — BRISER LES CHAÎNES FAMILIALES 36
JOUR 2 : INVASIONS DE RÊVE — QUAND LA NUIT DEVIENT UN CHAMP DE BATAILLE 39
JOUR 3 : ÉPOUX SPIRITUELS — DES UNIONS IMPIETS QUI LIENT LES DESTINÉES 42
JOUR 4 : OBJETS MAUDITS – PORTES QUI SOUILLENT 45
JOUR 5 : CHARMÉ ET TROMPÉ — SE LIBÉRER DE L'ESPRIT DE DIVINATION 48
JOUR 6 : LES PORTES DE L'ŒIL – FERMER LES PORTAILS DES TÉNÈBRES 51
JOUR 7 : LE POUVOIR DERRIÈRE LES NOMS — RENONCE AUX IDENTITÉS IMPIE 54

JOUR 8 : DÉMASQUER LA FAUSSE LUMIÈRE — LES PIÈGES DU NEW AGE ET LES TROMPERIES ANGÉLIQUES 57

JOUR 9 : L'AUTEL DU SANG — DES ALLIANCES QUI EXIGENT UNE VIE.................. 60

JOUR 10 : STÉRIÉTÉ ET BRISURE — QUAND L'UTÉRUS DEVIENT UN CHAMP DE BATAILLE.................. 63

JOUR 11 : TROUBLES AUTO-IMMUNS ET FATIGUE CHRONIQUE — LA GUERRE INVISIBLE INTÉRIEURE.................. 66

JOUR 12 : ÉPILEPSIE ET TOURMENTS MENTAUX — QUAND L'ESPRIT DEVIENT UN CHAMP DE BATAILLE 70

JOUR 13 : ESPRIT DE PEUR — BRISER LA CAGE DU TOURMENT INVISIBLE 73

JOUR 14 : MARQUAGES SATANIQUES — EFFACER LA MARQUE IMPIE 76

JOUR 15 : LE ROYAUME DU MIROIR — S'ÉCHAPPER DE LA PRISON DES REFLETS 79

JOUR 16 : BRISER LE LIEN DES MALÉDICTIONS — RÉCUPÉRER VOTRE NOM, VOTRE AVENIR 83

JOUR 17 : DÉLIVRANCE DU CONTRÔLE ET DE LA MANIPULATION 87

JOUR 18 : BRISER LE POUVOIR DU MANQUE DE PARDON ET DE L'AMERTUME 91

JOUR 19 : GUÉRISON DE LA HONTE ET DE LA CONDAMNATION 95

JOUR 20 : SORCELLERIE DOMESTIQUE — QUAND LES TÉNÈBRES VIT SOUS LE MÊME TOIT 99

JOUR 21 : L'ESPRIT DE JÉZABEL — SÉDUCTION, CONTRÔLE ET MANIPULATION RELIGIEUSE 102

JOUR 22 : PYTHONS ET PRIÈRES — BRISER L'ESPRIT DE CONSTRICTION 106

JOUR 23 : TRÔNES D'INIQUITÉ — DÉMONTAGE DES BASTIONS TERRITORIALES 109

JOUR 24 : FRAGMENTS D'ÂME — QUAND DES PARTIES DE VOUS MANQUENT 112

JOUR 25 : LA MALÉDICTION DES ENFANTS ÉTRANGES — QUAND LES DESTINÉS S'ÉCHANGENT À LA NAISSANCE 115

JOUR 26 : AUTELS CACHÉS DU POUVOIR — SE LIBÉRER DES ALLIANCES OCCULTIQUES DE L'ÉLITE 119

JOUR 27 : ALLIANCES IMPIES — FRANC-MAÇONNERIE, ILLUMINATI ET INFILTRATION SPIRITUELLE 122

JOUR 28 : KABBALE, RÉSEAUX ÉNERGÉTIQUES ET L'ATTRAIT DE LA « LUMIÈRE » MYSTIQUE 126

JOUR 29 : LE VOILE DES ILLUMINATI — DÉMASQUER LES RÉSEAUX OCCULTES DE L'ÉLITE 130

JOUR 30 : LES ÉCOLES DE MYSTÈRES — SECRETS ANCIENS, ASSERVISSEMENT MODERNE 133

JOUR 31 : KABBALE, GÉOMÉTRIE SACRÉE ET TROMPERIE DE LA LUMIÈRE D'ÉLITE 137

JOUR 3 2 : L'ESPRIT SERPENT INTÉRIEUR — QUAND LA DÉLIVRANCE ARRIVE TROP TARD 142

JOUR 33 : L'ESPRIT SERPENT INTÉRIEUR — QUAND LA DÉLIVRANCE ARRIVE TROP TARD 147

JOUR 34 : MAÇONS, CODES ET MALÉDICTIONS — Quand la fraternité devient esclavage 151

JOUR 35 : LES SORCIÈRES DANS LES BANC D'OUVERTURE — QUAND LE MAL ENTRE PAR LES PORTES DE L'ÉGLISE 155

JOUR 36 : SORTS CODÉS — QUAND LES CHANSONS, LA MODE ET LES FILMS DEVIENNENT DES PORTAILS 159

JOUR 37 : LES AUTELS INVISIBLES DU POUVOIR — FRANCS-MAÇONS, KABBALE ET ÉLITES OCCULTES 163

JOUR 38 : ALLIANCES DE L'UTÉRUS ET ROYAUMES DE L'EAU — QUAND LE DESTIN EST SOUILLÉ AVANT LA NAISSANCE 167

JOUR 39 : BAPTISÉ D'EAU DANS L'ESCLAVAGE — COMMENT LES NOURRISSONS, LES INITIALES ET LES ALLIANCES INVISIBLES OUVRENT DES PORTES 172

JOUR 40 : DE LIVRÉ À LIVRE — VOTRE DOULEUR EST VOTRE ORDONNANCE 176

DÉCLARATION QUOTIDIENNE DE DÉLIVRANCE ET DE DOMINATION À 360° – Partie 1 179

DÉCLARATION QUOTIDIENNE DE DÉLIVRANCE ET DE DOMINATION À 360° – Partie 2 181
DÉCLARATION QUOTIDIENNE DE DÉLIVRANCE ET DE DOMINATION À 360° - Partie 3 185
CONCLUSION : DE LA SURVIE À LA FILIATION — RESTER LIBRE, VIVRE LIBRE, LIBÉRER LES AUTRES 189
   Comment naître de nouveau et commencer une nouvelle vie avec Christ 192
    Mon moment de salut 194
    Certificat de nouvelle vie en Christ 195
   CONNECTEZ-VOUS AVEC LES MINISTÈRES DE L'AIGLE DE DIEU 196
   LIVRES ET RESSOURCES RECOMMANDÉS 198
   ANNEXE 1 : Prière pour discerner la sorcellerie cachée, les pratiques occultes ou les autels étranges dans l'Église 212
   ANNEXE 2 : Protocole de renonciation et de nettoyage des médias..... 213
   ANNEXE 3 : Franc-maçonnerie, Kabbale, Kundalini, Sorcellerie, Écriture de renonciation occulte 214
   ANNEXE 4 : Guide d'activation de l'huile d'onction 215
   ANNEXE 6 : Ressources vidéo avec témoignages pour la croissance spirituelle 217
   AVERTISSEMENT FINAL : Vous ne pouvez pas jouer avec ça 218

Page de droits d'auteur

DES TÉNÈBRES À LA DOMINATION : 40 jours pour se libérer de l'emprise cachée des ténèbres – Un recueil de dévotions mondiales sur la conscience, la délivrance et le pouvoir

Par Zacharias Godseagle , Comfort Ladi Ogbe et l'ambassadeur Monday O. Ogbe

Copyright © 2025 par **Zacharias Godseagle et God's Eagle Ministrie** s – GEM

Tous droits réservés.

Aucune partie de cette publication ne peut être reproduite, stockée dans un système de recherche ou transmise sous quelque forme ou par quelque moyen que ce soit — électronique, mécanique, photocopie, enregistrement, numérisation ou autre — sans l'autorisation écrite préalable des éditeurs, sauf dans le cas de brèves citations incorporées dans des articles critiques ou des critiques.

Ce livre est un ouvrage de non-fiction et de fiction religieuse. Certains noms et informations d'identification ont été modifiés pour des raisons de confidentialité, lorsque cela était nécessaire.

Les citations des Écritures sont tirées de :

- *Traduction Nouvelle Vie (NLT)* , © 1996, 2004, 2015 par la Fondation Tyndale House. Utilisation autorisée. Tous droits réservés.

Conception de la couverture par GEM TEAM
Aménagement intérieur par GEM TEAM
Publié par :
Zacharias Godseagle et God's Eagle Ministries – GEM
www.otakada.org [1] | ambassador@otakada.org
Première édition, 2025

---

1. http://www.otakada.org

Imprimé aux États-Unis d'Amérique

À propos du livre – DES TÉNÈBRES À LA DOMINATION

DES TÉNÈBRES À LA DOMINATION : 40 jours pour se libérer de l'emprise cachée des ténèbres - *Un recueil de prières mondiales de conscience, de délivrance et de pouvoir - Pour les individus, les familles et les nations prêts à être libres* Ce n'est pas seulement un livre de dévotion, c'est une rencontre de délivrance mondiale de 40 jours pour **les présidents, les premiers ministres, les pasteurs, les ouvriers d'église, les PDG, les parents, les adolescents et tous les croyants** qui refusent de vivre dans une défaite silencieuse.

Ce puissant livre de dévotion de 40 jours aborde *la guerre spirituelle, la délivrance des autels ancestraux, la rupture des liens d'âme, l'exposition occulte et les témoignages mondiaux d'anciennes sorcières, d'anciens satanistes* et de ceux qui ont vaincu les pouvoirs des ténèbres.

Que vous **dirigiez un pays**, **que vous soyez pasteur d'une église**, que vous **dirigiez une entreprise** ou que **vous vous battiez pour votre famille dans le placard de prière**, ce livre exposera ce qui a été caché, confrontera ce qui a été ignoré et vous permettra de vous libérer.

Un culte mondial de 40 jours pour la conscience, la délivrance et la puissance

Dans ces pages, vous serez confrontés à :

- Malédictions de la lignée et alliances ancestrales
- Conjoints spirituels, esprits marins et manipulation astrale
- Franc-maçonnerie, Kabbale, éveils de la kundalini et autels de sorcellerie
- Dédicaces d'enfants, initiations prénatales et porteurs démoniaques
- Infiltration médiatique, traumatisme sexuel et fragmentation de l'âme

- Sociétés secrètes, IA démoniaque et faux mouvements de renouveau

Chaque jour comprend :
- *Une histoire vraie ou un modèle global*
- *Un aperçu basé sur les Écritures*
- *Des applications de groupe et personnelles*
- *Une prière de délivrance + un journal de réflexion*

Ce livre est pour vous si vous êtes :

- Un **président ou un décideur politique** en quête de clarté spirituelle et de protection pour votre nation
- Un **pasteur, un intercesseur ou un travailleur d'église** qui lutte contre des forces invisibles qui résistent à la croissance et à la pureté
- Un **PDG ou un chef d'entreprise** confronté à une guerre et à un sabotage inexplicables
- Un **adolescent ou un étudiant** en proie à des rêves, des tourments ou des événements étranges
- Un **parent ou un tuteur** remarque des schémas spirituels dans votre lignée
- Un **dirigeant chrétien** fatigué des cycles de prière sans fin sans aucune avancée
- Ou simplement un **croyant prêt à passer de la survie à la domination victorieuse**

Pourquoi ce livre ?

Car à une époque où l'obscurité se cache derrière la lumière, **la délivrance n'est plus une option**.

Et **le pouvoir appartient à ceux qui sont informés, équipés et soumis**.

Écrit par Zacharias Godseagle, l'ambassadeur Monday O. Ogbe et Comfort Ladi Ogbe, c'est plus qu'un simple enseignement — c'est un **appel au réveil mondial** pour que l'Église, la famille et les nations se lèvent et ripostent — non pas dans la peur, mais dans **la sagesse et l'autorité**.

On ne peut pas faire de disciples de ce qu'on n'a pas transmis. Et on ne peut pas dominer tant qu'on n'est pas libéré de l'emprise des ténèbres.

Brisez les cycles. Affrontez l'invisible. Reprenez votre destin en main, un jour à la fois.

Texte de la quatrième de couverture

DES TÉNÈBRES À LA DOMINATION
40 jours pour se libérer de l'emprise cachée des ténèbres
Un dévotionnel mondial de conscience, de délivrance et de pouvoir

Êtes-vous un **président**, un **pasteur**, un **parent** ou un **croyant en prière**, désespéré d'une liberté durable et d'une percée ?

Ce n'est pas seulement un recueil de dévotion. C'est un voyage mondial de 40 jours à travers les champs de bataille invisibles des **alliances ancestrales, de l'esclavage occulte, des esprits marins, de la fragmentation des âmes, de l'infiltration médiatique, et bien plus encore**. Chaque jour révèle des témoignages authentiques, des manifestations mondiales et des stratégies de délivrance concrètes.

Vous découvrirez :

- Comment les portes spirituelles s'ouvrent et comment les fermer
- Les racines cachées des retards répétés, des tourments et de l'esclavage
- Puissantes prières quotidiennes, réflexions et applications de groupe
- Comment accéder à **la domination**, et pas seulement à la délivrance

Des **autels de sorcellerie** en Afrique aux **tromperies du Nouvel Âge** en Amérique du Nord... des **sociétés secrètes** en Europe aux **pactes de sang** en Amérique latine, **ce livre expose tout**.

DARKNESS TO DOMINION est votre feuille de route vers la liberté, écrite pour **les pasteurs, les dirigeants, les familles, les adolescents, les professionnels, les PDG** et tous ceux qui en ont assez de traverser la guerre sans victoire.

« On ne peut pas faire de disciples de ce qu'on n'a pas transmis. Et on ne peut pas exercer sa domination tant qu'on ne s'est pas libéré de l'emprise des ténèbres. »

Promotion média en un paragraphe (presse/e-mail/texte publicitaire)

DES TÉNÈBRES À LA DOMINATION : 40 jours pour se libérer de l'emprise cachée des ténèbres est un livre de dévotion mondial qui révèle comment l'ennemi infiltre les vies, les familles et les nations par le biais des autels, des lignées, des sociétés secrètes, des rituels occultes et des compromis quotidiens. Avec des histoires de tous les continents et des stratégies de délivrance éprouvées, ce livre s'adresse aux présidents et aux pasteurs, aux PDG et aux adolescents, aux femmes au foyer et aux guerriers spirituels – à tous ceux qui aspirent à une liberté durable. Ce livre n'est pas seulement à lire, il est aussi un outil pour briser les chaînes.

Mots-clés suggérés

- dévotion à la délivrance
- guerre spirituelle
- témoignages d'ex-occultistes
- prière et jeûne
- briser les malédictions générationnelles
- la liberté des ténèbres
- autorité spirituelle chrétienne
- esprits marins
- tromperie de la kundalini
- sociétés secrètes exposées
- Délivrance en 40 jours

 # Hashtags pour les campagnes
#TénèbresÀDominion
#DévotionDélivrance

#BriserLesChaînes
#LibertéParLeChrist
#GlobalAwakening
#BataillesCachéesDévoilées
#PriezPourSeLibérer
#LivreGuerreSpirituelle
#DesTénèbresÀLaLumière
#AutoritéDuRoyaume
#NoMoreBondage
#ExOccultTestimonies
#KundaliniWarning
#MarineSpiritsExposed
#40JoursDeLiberté

Dévouement

À Celui qui nous a appelés des ténèbres à sa merveilleuse lumière — **Jésus-Christ**, notre Libérateur, notre Porteur de Lumière et notre Roi de Gloire.

À chaque âme qui crie en silence — piégée par des chaînes invisibles, hantée par des rêves, tourmentée par des voix et luttant contre l'obscurité dans des endroits où personne ne voit — ce voyage est pour vous.

Aux **pasteurs**, **aux intercesseurs** et **aux veilleurs sur le mur**,

aux **mères** qui prient toute la nuit et aux **pères** qui refusent d'abandonner,

au **jeune garçon** qui voit trop et à la **petite fille** marquée trop tôt par le mal,

aux **PDG**, aux **présidents** et **aux décideurs** qui portent des poids invisibles derrière le pouvoir public,

au **travailleur de l'église** qui lutte contre un esclavage secret et au **guerrier spirituel** qui ose riposter —

C'est votre appel à vous lever.

Et merci à tous ceux qui ont courageusement partagé leur histoire. Vos cicatrices libèrent désormais d'autres personnes.

Puisse ce livre de dévotion éclairer un chemin à travers les ténèbres et conduire beaucoup vers la domination, la guérison et le feu sacré.

Vous n'êtes pas oubliés. Vous n'êtes pas impuissants. Vous êtes nés pour la liberté.

— Zacharias Godseagle, ambassadeur Monday O. Ogbe et Comfort Ladi Ogbe

Remerciements

Avant tout, nous rendons grâce à **Dieu Tout-Puissant — Père, Fils et Saint-Esprit**, Auteur de la Lumière et de la Vérité — qui nous a ouvert les yeux sur les combats invisibles qui se déroulent derrière des portes closes, des voiles, des chaires et des estrades. À Jésus-Christ, notre Libérateur et notre Roi, nous rendons toute gloire.

Aux hommes et aux femmes courageux du monde entier qui ont partagé leurs histoires de tourments, de triomphes et de transformations : votre courage a déclenché une vague mondiale de liberté. Merci d'avoir brisé le silence.

Aux ministères et aux sentinelles sur la muraille qui ont œuvré dans les lieux cachés – enseignant, intercédant, libérant et discernant – nous rendons hommage à votre persévérance. Votre obéissance continue de renverser les forteresses et de démasquer la tromperie en haut lieu.

À nos familles, à nos partenaires de prière et à nos équipes de soutien qui nous ont soutenus pendant que nous creusions les décombres spirituels pour découvrir la vérité — merci pour votre foi et votre patience inébranlables.

Aux chercheurs, aux témoignages sur YouTube, aux lanceurs d'alerte et aux guerriers du royaume qui exposent les ténèbres à travers leurs plateformes, votre audace a nourri ce travail de perspicacité, de révélation et d'urgence.

Au **Corps du Christ** : ce livre est aussi le vôtre. Puisse-t-il éveiller en vous une sainte résolution de vigilance, de discernement et d'intrépidité. Nous écrivons non pas en experts, mais en témoins. Nous ne sommes pas des juges, mais des rachetés.

Et enfin, aux **lecteurs de ce livre de dévotion** — chercheurs, guerriers, pasteurs, ministres de délivrance, survivants et amoureux de la vérité de toutes les nations — que chaque page vous donne le pouvoir de passer **de des ténèbres à la domination**.

— Zacharias Godseagle

— **Ambassadeur Monday O. Ogbe**
— **Comfort Ladi Ogbe**

Au lecteur

Ce n'est pas seulement un livre. C'est un appel.
Un appel à découvrir ce qui a longtemps été caché – à affronter les forces invisibles qui façonnent les générations, les systèmes et les âmes. Que vous soyez un **jeune chercheur**, un **pasteur épuisé par des combats indicibles**, un **chef d'entreprise aux prises avec des terreurs nocturnes** ou un **chef d'État confronté à une obscurité nationale implacable**, ce recueil de dévotion vous **guidera hors de l'ombre**.

À l'**individu** : Vous n'êtes pas fou. Ce que vous ressentez – dans vos rêves, votre atmosphère, votre lignée – est peut-être spirituel. Dieu n'est pas seulement un guérisseur ; il est un libérateur.

À la **famille** : Ce voyage de 40 jours vous aidera à identifier les schémas qui ont longtemps tourmenté votre lignée — dépendances, décès prématurés, divorces, stérilité, tourments mentaux, pauvreté soudaine — et vous fournira les outils pour les briser.

Aux **responsables d'église et aux pasteurs** : que cela suscite un discernement plus profond et le courage d'affronter le monde spirituel depuis la chaire, et pas seulement depuis le podium. La délivrance n'est pas facultative. Elle fait partie de la Grande Mission.

Aux **PDG, entrepreneurs et professionnels** : les alliances spirituelles s'appliquent aussi dans les conseils d'administration. Dédiez votre entreprise à Dieu. Démolissez les autels ancestraux déguisés en chance commerciale, pactes de sang ou faveurs maçonniques. Construisez avec des mains propres.

Aux **veilleurs et aux intercesseurs** : votre vigilance n'a pas été vaine. Cette ressource est une arme entre vos mains, pour votre ville, votre région, votre nation.

Aux **Présidents et Premiers ministres**, si jamais ce message arrive sur votre bureau : les nations ne sont pas seulement gouvernées par des politiques.

Elles sont gouvernées par des autels, érigés en secret ou en public. Tant que ces fondements cachés ne seront pas abordés, la paix restera insaisissable. Puisse ce message vous inciter à une réforme générationnelle.

Au **jeune homme ou à la jeune femme** qui lit ceci dans un moment de désespoir : Dieu vous voit. Il vous a choisi. Et il vous en sort – pour de bon.

C'est votre voyage. Un jour à la fois. Une chaîne à la fois.

Des ténèbres à la domination, c'est votre heure.

Comment utiliser ce livre

DES TÉNÈBRES À LA DOMINATION : 40 jours pour se libérer de l'emprise cachée des ténèbres est plus qu'un livre de dévotion : c'est un manuel de délivrance, une cure de désintoxication spirituelle et un camp d'entraînement au combat. Que vous lisiez seul, en groupe, dans une église ou en tant que leader guidant d'autres personnes, voici comment tirer le meilleur parti de ce puissant voyage de 40 jours :

Rythme quotidien

Chaque jour suit une structure cohérente pour vous aider à engager l'esprit, l'âme et le corps :

- **Enseignement dévotionnel principal** – Un thème révélateur exposant les ténèbres cachées.
- **Contexte mondial** – Comment ce bastion se manifeste à travers le monde.
- **Histoires réelles** – De véritables rencontres de délivrance issues de différentes cultures.
- **Plan d'action** – Exercices spirituels personnels, renoncement ou déclarations.
- **Application de groupe** – À utiliser dans les petits groupes, les familles, les églises ou les équipes de délivrance.
- **Key Insight** – Un résumé à retenir et à méditer.
- **Journal de réflexion** – Questions du cœur pour traiter chaque vérité en profondeur.
- **Prière de délivrance** – Prière de guerre spirituelle ciblée pour briser les forteresses.

Ce dont vous aurez besoin

- Votre **Bible**
- Un **journal ou un carnet dédié**
- **Huile d'onction** (facultative mais puissante pendant les prières)
- Volonté de **jeûner et de prier** selon la direction de l'Esprit
- **Partenaire de responsabilité ou équipe de prière** pour les cas plus profonds

Comment l'utiliser avec des groupes ou des églises

- Réunissez-vous **quotidiennement ou hebdomadairement** pour discuter de vos idées et diriger des prières ensemble.
- Encouragez les membres à remplir le **journal de réflexion** avant les séances de groupe.
- Utilisez la section **Application de groupe** pour susciter des discussions, des confessions ou des moments de délivrance en entreprise.
- Désigner des dirigeants formés pour gérer les manifestations plus intenses.

Pour les pasteurs, les dirigeants et les ministres de la délivrance

- Enseignez les sujets quotidiens depuis la chaire ou dans des écoles de formation à la délivrance.
- Équipez votre équipe pour utiliser ce livre de dévotion comme guide de conseil.
- Personnalisez les sections selon vos besoins pour la cartographie spirituelle, les réunions de réveil ou les campagnes de prière en ville.

Annexes à explorer
À la fin du livre, vous trouverez de puissantes ressources bonus, notamment :

1. **Déclaration quotidienne de délivrance totale** – Dites ceci à haute voix chaque matin et chaque soir.
2. **Guide de renonciation aux médias** – Détoxifiez votre vie de la

contamination spirituelle du divertissement.
3. **Prière pour discerner les autels cachés dans les églises** – Pour les intercesseurs et les ouvriers d'église.
4. **Script de renonciation à la franc-maçonnerie, à la Kabbale, à la Kundalini et à l'occultisme** – Puissantes prières de repentance.
5. **Liste de contrôle pour la délivrance de masse** – À utiliser lors de croisades, de réunions à domicile ou de retraites personnelles.
6. **Liens vers les vidéos de témoignages**

Préface

Une guerre – invisible, inexprimée, mais terriblement réelle – fait rage dans les âmes des hommes, des femmes, des enfants, des familles, des communautés et des nations.

Ce livre est né non pas d'une théorie, mais du feu. Des salles de délivrance en pleurs. Des témoignages murmurés dans l'ombre et criés sur les toits. D'une étude approfondie, d'une intercession mondiale et d'une profonde frustration face à un christianisme superficiel qui ne parvient pas à s'attaquer aux **racines des ténèbres** qui continuent d'envahir les croyants.

Trop de personnes sont venues à la croix, mais traînent encore des chaînes. Trop de pasteurs prêchent la liberté tout en étant secrètement tourmentés par les démons de la luxure, de la peur ou des alliances ancestrales. Trop de familles sont prises au piège de cycles – pauvreté, perversion, dépendance, stérilité, honte – et **ignorent pourquoi**. Et beaucoup trop d'églises évitent de parler de démons, de sorcellerie, d'autels de sang ou de délivrance, car c'est « trop intense ».

Mais Jésus n'a pas évité les ténèbres, il **les a affrontées**.

Il n'a pas ignoré les démons, il **les a chassés**.

Et il n'est pas mort juste pour vous pardonner, il est mort pour **vous libérer**.

Ce recueillement mondial de 40 jours n'est pas une simple étude biblique. C'est une **salle d'opération spirituelle**. Un journal de liberté. Une carte de sortie de l'enfer pour ceux qui se sentent coincés entre le salut et la véritable liberté. Que vous soyez un adolescent prisonnier de la pornographie, une Première dame en proie à des rêves de serpents, un Premier ministre tourmenté par la culpabilité ancestrale, un prophète dissimulant un esclavage secret ou un enfant se réveillant de rêves démoniaques, ce voyage est fait pour vous.

Vous trouverez des histoires du monde entier — Afrique, Asie, Europe, Amérique du Nord et du Sud — qui confirment toutes une vérité : **le diable ne fait pas acception de personnes**. Mais Dieu non plus. Et ce qu'il a fait pour les autres, il peut le faire pour vous.

Ce livre est écrit pour :

- **Les personnes** en quête de délivrance personnelle
- **Les familles** ont besoin d'une guérison générationnelle
- **Les pasteurs** et les ouvriers d'église ont besoin d'être équipés
- **Les chefs d'entreprise** naviguent dans la guerre spirituelle dans les hautes sphères
- **Les nations** réclament un véritable renouveau
- **Des jeunes** qui ont ouvert des portes sans le savoir
- **Ministres de la délivrance** qui ont besoin de structure et de stratégie
- Et même **ceux qui ne croient pas aux démons** — jusqu'à ce qu'ils lisent leur propre histoire dans ces pages

Vous serez mis à rude épreuve. Vous serez mis au défi. Mais si vous persévérez, vous serez également **transformé**.

Tu ne vas pas simplement te libérer.

Tu vas **marcher dans la domination**.

Commençons.

— *Zacharias Godseagle, l'ambassadeur Monday O. Ogbe et Comfort Ladi Ogbe*

Avant-propos

On assiste à un frémissement parmi les nations. Un tremblement s'abat sur le monde spirituel. Des chaires aux parlements, des salons aux églises clandestines, partout dans le monde, les gens prennent conscience d'une vérité effrayante : nous avons sous-estimé la portée de l'ennemi et méconnu l'autorité que nous détenons en Christ.

De l'obscurité à la domination n'est pas seulement un recueil de dévotion ; c'est un appel clair. Un manuel prophétique. Une bouée de sauvetage pour les tourmentés, les prisonniers et les croyants sincères qui se demandent : « Pourquoi suis-je toujours enchaîné ? »

Ayant été témoin de réveils et de délivrances à travers les nations, je sais par expérience que l'Église ne manque pas de connaissances ; nous manquons de **conscience spirituelle** , **d'audace** et **de discipline** . Cette œuvre comble ce fossé. Elle allie témoignages mondiaux, vérités percutantes, actions concrètes et la puissance de la croix dans un parcours de 40 jours qui secouera les vies endormies et allumera le feu dans les âmes épuisées.

Au pasteur qui ose affronter les autels, au jeune adulte qui lutte silencieusement contre des rêves démoniaques, au propriétaire d'entreprise empêtré dans des alliances invisibles et au dirigeant qui sait que quelque chose *ne va pas spirituellement* mais ne peut pas le nommer - ce livre est pour vous.

Je vous encourage vivement à ne pas le lire passivement. Que chaque page stimule votre esprit. Que chaque récit engendre le combat. Que chaque déclaration entraîne votre bouche à parler avec feu. Et après avoir traversé ces 40 jours, ne vous contentez pas de célébrer votre liberté : devenez un instrument pour la liberté des autres.

Car la véritable domination ne consiste pas seulement à échapper aux ténèbres...

C'est se retourner et entraîner les autres vers la lumière.

Dans l'autorité et la puissance du Christ,
Ambassadeur Ogbe

Introduction

DES TÉNÈBRES À LA DOMINATION : 40 jours pour se libérer de l'emprise cachée des ténèbres n'est pas seulement un autre livre de dévotion, c'est un appel au réveil mondial.

Partout dans le monde, des villages ruraux aux palais présidentiels, des autels des églises aux salles de conseil, des hommes et des femmes réclament la liberté. Pas seulement le salut. **La délivrance. La clarté. Une avancée. La plénitude. La paix. Le pouvoir.**

Mais voici la vérité : on ne peut pas rejeter ce qu'on tolère. On ne peut pas se libérer de ce qu'on ne voit pas. Ce livre est votre lumière dans cette obscurité.

Pendant 40 jours, vous traverserez des enseignements, des histoires, des témoignages et des actions stratégiques qui exposent les opérations cachées des ténèbres et vous permettent de les surmonter – esprit, âme et corps.

Que vous soyez pasteur, PDG, missionnaire, intercesseur, adolescent, mère ou chef d'État, le contenu de ce livre vous interpellera. Non pas pour vous faire honte, mais pour vous libérer et vous préparer à accompagner les autres vers la liberté.

Il s'agit d'un **livre de dévotion mondial de conscience, de délivrance et de puissance,** enraciné dans les Écritures, aiguisé par des récits de la vie réelle et imprégné du sang de Jésus.

Comment utiliser ce livre de dévotion

1. **Commencez par les 5 chapitres fondamentaux**
   . Ces chapitres posent les bases. Ne les sautez pas. Ils vous aideront à comprendre l'architecture spirituelle des ténèbres et l'autorité qui vous a été donnée pour vous élever au-dessus d'elles.
2. **Parcourez chaque jour intentionnellement.**
   Chaque entrée quotidienne comprend un thème central, des manifestations mondiales, une histoire vraie, des Écritures, un plan

d'action, des idées d'application de groupe, des idées clés, des invites de journal et une prière puissante.
3. **Terminez chaque journée avec la déclaration quotidienne à 360°**
Trouvée à la fin de ce livre, cette puissante déclaration est conçue pour renforcer votre liberté et protéger vos portes spirituelles.
4. **Utilisez-le seul ou en groupe**
Que vous traversiez cela individuellement ou en groupe, en communion à domicile, en équipe d'intercession ou dans un ministère de délivrance, laissez le Saint-Esprit guider le rythme et personnaliser le plan de bataille.
5. **Attendez-vous à de l'opposition, et une résistance décisive** surviendra. Mais la liberté aussi. La délivrance est un processus, et Jésus s'engage à vous accompagner dans ce cheminement.

CHAPITRES FONDAMENTAUX (à lire avant le jour 1)

1. Origines du Royaume des Ténèbres

De la rébellion de Lucifer à l'émergence des hiérarchies démoniaques et des esprits territoriaux, ce chapitre retrace l'histoire biblique et spirituelle des ténèbres. Comprendre où elles ont commencé permet de comprendre leur fonctionnement.

2. Comment fonctionne le Royaume des Ténèbres aujourd'hui

Des alliances et sacrifices de sang aux autels, aux esprits marins et à l'infiltration technologique, ce chapitre révèle les visages modernes des esprits anciens, y compris la manière dont les médias, les tendances et même la religion peuvent servir de camouflage.

3. Points d'entrée : comment les gens deviennent accros

Personne ne naît esclave par hasard. Ce chapitre examine des voies telles que les traumatismes, les autels ancestraux, la révélation de la sorcellerie, les liens d'âme, la curiosité occulte, la franc-maçonnerie, la fausse spiritualité et les pratiques culturelles.

4. Manifestations : de la possession à l'obsession

À quoi ressemble l'esclavage ? Des cauchemars au report du mariage, en passant par l'infertilité, l'addiction, la rage et même le « rire sacré », ce chapitre révèle comment les démons se déguisent en problèmes, en dons ou en personnalités.

5. Le pouvoir de la parole : l'autorité des croyants

Avant de commencer le combat de 40 jours, vous devez comprendre vos droits légaux en Christ. Ce chapitre vous fournit des lois spirituelles, des armes de guerre, des protocoles scripturaires et le langage de la délivrance.

UN DERNIER ENCOURAGEMENT AVANT DE COMMENCER

Dieu ne vous appelle pas à *gérer* les ténèbres.

Il vous appelle à les **dominer**.

Non par la force, ni par la puissance, mais par son Esprit.

Que ces 40 prochains jours soient plus qu'un moment de recueillement.

Qu'ils soient les funérailles de chaque autel qui vous a autrefois contrôlé... et un couronnement dans la destinée que Dieu a tracée pour vous.

Votre voyage vers la domination commence maintenant.

CHAPITRE 1 : LES ORIGINES DU ROYAUME DES TÉNÈBRES

« *Car nous n'avons pas à lutter contre la chair et le sang, mais contre les dominations, contre les autorités, contre les princes de ce monde de ténèbres, contre les esprits méchants dans les lieux célestes.* » — Éphésiens 6:12

Bien avant que l'humanité n'entre dans le monde du temps, une guerre invisible éclata dans les cieux. Ce n'était pas une guerre d'épées ou de fusils, mais une rébellion – une haute trahison contre la sainteté et l'autorité du Dieu Très-Haut. La Bible dévoile ce mystère à travers divers passages qui évoquent la chute de l'un des plus beaux anges de Dieu – **Lucifer**, l'Éblouissant – qui osa s'élever au-dessus du trône de Dieu (Ésaïe 14:12-15, Ézéchiel 28:12-17).

Cette rébellion cosmique a donné naissance au **Royaume des Ténèbres** — un royaume de résistance spirituelle et de tromperie, composé d'anges déchus (maintenant des démons), de principautés et de pouvoirs alignés contre la volonté de Dieu et le peuple de Dieu.

La chute et la formation des ténèbres

LUCIFER N'A PAS TOUJOURS été mauvais. Il a été créé parfait en sagesse et en beauté. Mais l'orgueil s'est emparé de son cœur, et l'orgueil s'est transformé en rébellion. Il a trompé le tiers des anges du ciel pour qu'ils le suivent (Apocalypse 12:4), et ils ont été chassés du ciel. Leur haine envers l'humanité est enracinée dans la jalousie, car l'humanité a été créée à l'image de Dieu et a reçu la domination.

Ainsi commença la guerre entre le **Royaume de la Lumière** et le **Royaume des Ténèbres** — un conflit invisible qui touche chaque âme, chaque foyer et chaque nation.

L'expression mondiale du Royaume des Ténèbres

BIEN QU'INVISIBLE, l'influence de ce royaume obscur est profondément ancrée dans :

- **Traditions culturelles** (culte ancestral, sacrifices de sang, sociétés secrètes)
- **Divertissement** (messages subliminaux, musique et spectacles occultes)
- **Gouvernance** (corruption, pactes de sang, serments)
- **Technologie** (outils de dépendance, de contrôle, de manipulation mentale)
- **Éducation** (humanisme, relativisme, fausses Lumières)

Du juju africain au mysticisme new age occidental, du culte des djinns du Moyen-Orient au chamanisme sud-américain, les formes diffèrent mais l'**esprit est le même** : tromperie, domination et destruction.

Pourquoi ce livre est important aujourd'hui

LE PLUS GRAND TOUR de Satan est de faire croire aux gens qu'il n'existe pas – ou pire, que ses voies sont inoffensives.

Ce livre de dévotion est un **manuel d'intelligence spirituelle** — il lève le voile, expose ses plans et donne aux croyants de tous les continents les moyens de :

- **Reconnaître** les points d'entrée
- **Renoncer** aux alliances cachées
- **Résister** avec autorité
- **Récupérer** ce qui a été volé

Vous êtes né dans une bataille

CE LIVRE DE DÉVOTION n'est pas pour les âmes sensibles. Vous êtes né sur un champ de bataille, pas sur un terrain de jeu. Mais la bonne nouvelle, c'est que **Jésus a déjà gagné la guerre !**

« Il a dépouillé les dominations et les autorités, et les a exposées à l'opprobre, en triomphant d'elles en lui. » — Colossiens 2:15

Tu n'es pas une victime. Tu es plus que vainqueur par le Christ. Dévoilons les ténèbres et marchons avec audace vers la lumière.

Informations clés

L'origine des ténèbres est l'orgueil, la rébellion et le rejet de la loi divine. Ces mêmes germes sont encore présents dans le cœur des gens et des systèmes aujourd'hui. Pour comprendre le combat spirituel, il faut d'abord comprendre comment la rébellion a commencé.

Journal de réflexion

- Ai-je rejeté la guerre spirituelle comme une superstition ?
- Quelles pratiques culturelles ou familiales ai-je normalisées et qui pourraient être liées à une ancienne rébellion ?
- Est-ce que je comprends vraiment la guerre dans laquelle je suis né ?

Prière d'illumination

Père céleste, révèle-moi les racines cachées de la rébellion qui m'entourent et qui sont en moi. Expose les mensonges des ténèbres que j'ai pu embrasser sans le savoir. Que ta vérité brille dans chaque recoin sombre. Je choisis le Royaume de Lumière. Je choisis de marcher dans la vérité, la puissance et la liberté. Au nom de Jésus. Amen.

CHAPITRE 2 : COMMENT FONCTIONNE LE ROYAUME DES TÉNÈBRES AUJOURD'HUI

« *De peur que Satan ne l'emporte sur nous, car nous n'ignorons pas ses desseins.* » — 2 Corinthiens 2:11

Le royaume des ténèbres n'agit pas au hasard. C'est une infrastructure spirituelle bien organisée et profondément stratifiée, qui reflète une stratégie militaire. Son objectif : infiltrer, manipuler, contrôler et, finalement, détruire. Tout comme le Royaume de Dieu est hiérarchisé (apôtres, prophètes, etc.), il en va de même pour le royaume des ténèbres : avec des principautés, des puissances, des princes des ténèbres et des esprits méchants dans les lieux célestes (Éphésiens 6:12).

Le Royaume des Ténèbres n'est pas un mythe. Ce n'est ni du folklore ni une superstition religieuse. C'est un réseau invisible mais réel d'agents spirituels qui manipulent les systèmes, les individus et même les églises pour accomplir les desseins de Satan. Si beaucoup imaginent des fourches et des cornes rouges, le fonctionnement réel de ce royaume est bien plus subtil, systématique et sinistre.

1. La tromperie est leur monnaie

L'ennemi pratique le mensonge. Du jardin d'Éden (Genèse 3) aux philosophies actuelles, les tactiques de Satan ont toujours consisté à semer le doute dans la Parole de Dieu. Aujourd'hui, la tromperie se manifeste sous les formes suivantes :

- *Enseignements du Nouvel Âge déguisés en illumination*
- *Des pratiques occultes masquées sous forme de fierté culturelle*
- *La sorcellerie glamourisée dans la musique, les films, les dessins animés et les tendances des médias sociaux*

Les gens participent sans le savoir à des rituels ou consomment des médias qui ouvrent des portes spirituelles sans discernement.

2. Structure hiérarchique du mal

Tout comme le Royaume de Dieu a un ordre, le royaume des ténèbres fonctionne selon une hiérarchie définie :

- **Principautés** – Esprits territoriaux influençant les nations et les gouvernements
- **Pouvoirs** – Agents qui imposent la méchanceté par le biais de systèmes démoniaques
- **Les dirigeants des ténèbres** – Coordinateurs de l'aveuglement spirituel, de l'idolâtrie et de la fausse religion
- **La méchanceté spirituelle dans les hauts lieux** – Des entités de haut niveau influençant la culture, la richesse et la technologie mondiales

Chaque démon est spécialisé dans certaines tâches : la peur, la dépendance, la perversion sexuelle, la confusion, l'orgueil, la division.

3. Outils de contrôle culturel

Le diable n'a plus besoin d'apparaître physiquement. La culture fait désormais le gros du travail. Ses stratégies actuelles incluent :

- **Messagerie subliminale :** Musique, émissions, publicités pleines de symboles cachés et de messages inversés
- **Désensibilisation :** Exposition répétée au péché (violence, nudité, blasphème) jusqu'à ce que cela devienne « normal »
- **Techniques de contrôle mental :** par l'hypnose médiatique, la manipulation émotionnelle et les algorithmes addictifs

Ce n'est pas un hasard. Ce sont des stratégies visant à affaiblir les convictions morales, à détruire les familles et à redéfinir la vérité.

4. Accords générationnels et lignées

Par des rêves, des rituels, des dédicaces ou des pactes ancestraux, de nombreuses personnes s'alignent sans le savoir avec les ténèbres. Satan exploite :

- Autels familiaux et idoles ancestrales
- Cérémonies de dénomination invoquant les esprits
- Péchés familiaux secrets ou malédictions transmises

Ces motifs légaux ouvrent la voie à l'affliction jusqu'à ce que l'alliance soit rompue par le sang de Jésus.

5. Faux miracles, faux prophètes

Le Royaume des Ténèbres adore la religion, surtout si elle manque de vérité et de pouvoir. Faux prophètes, esprits séducteurs et faux miracles trompent les masses :

« Car Satan lui-même se déguise en ange de lumière. » — 2 Corinthiens 11:14

Beaucoup aujourd'hui suivent des voix qui chatouillent leurs oreilles mais lient leur âme.

Informations clés

Le diable n'est pas toujours bruyant ; il murmure parfois par compromis. La meilleure tactique du Royaume des Ténèbres est de convaincre les gens qu'ils sont libres, alors qu'ils sont subtilement asservis.

Journal de réflexion :

- Où avez-vous vu ces opérations dans votre communauté ou votre pays ?
- Y a-t-il des émissions, de la musique, des applications ou des rituels que vous avez normalisés et qui pourraient en réalité être des outils de manipulation ?

Prière de conscience et de repentance :

Seigneur Jésus, ouvre mes yeux pour que je voie les opérations de l'ennemi. Expose tous les mensonges auxquels j'ai cru. Pardonne-moi pour chaque porte que j'ai ouverte, consciemment ou non. Je romps mon accord avec les ténèbres et choisis ta vérité, ta puissance et ta liberté. Au nom de Jésus. Amen.

CHAPITRE 3 : POINTS D'ENTRÉE – COMMENT LES GENS DEVENENT ACCRO

« *Ne donnez pas accès au diable.* » — Éphésiens 4:27

Dans chaque culture, chaque génération et chaque foyer, il existe des ouvertures cachées – des portes par lesquelles s'infiltre l'obscurité spirituelle. Ces points d'entrée peuvent sembler inoffensifs au premier abord : un jeu d'enfant, un rituel familial, un livre, un film, un traumatisme non résolu. Mais une fois ouverts, ils deviennent un terrain légal pour l'influence démoniaque.

Points d'entrée communs

1. **Alliances de lignée** – Serments ancestraux, rituels et idolâtrie qui transmettent l'accès aux esprits maléfiques.
2. **Exposition précoce à l'occultisme** – Comme dans l'histoire de *Lourdes Valdivia* en Bolivie, les enfants exposés à la sorcellerie, au spiritisme ou aux rituels occultes deviennent souvent spirituellement compromis.
3. **Médias et musique** – Les chansons et les films qui glorifient l'obscurité, la sensualité ou la rébellion peuvent subtilement inviter à une influence spirituelle.
4. **Traumatisme et abus** – Les abus sexuels, les traumatismes violents ou le rejet peuvent ouvrir l'âme aux esprits oppressifs.
5. **Péché sexuel et liens d'âme** – Les unions sexuelles illicites créent souvent des liens spirituels et des transferts d'esprits.
6. **New Age et fausse religion** – Cristaux, yoga, guides spirituels, horoscopes et « sorcellerie blanche » sont des invitations voilées.
7. **L'amertume et le manque de pardon** – Ces éléments donnent aux esprits démoniaques un droit légal de tourmenter (voir Matthieu

18:34).

Témoignage mondial marquant : *Lourdes Valdivia (Bolivie)*

À seulement 7 ans, Lourdes a été initiée à la sorcellerie par sa mère, occultiste de longue date. Sa maison était remplie de symboles, d'ossements de cimetières et de livres de magie. Elle a vécu des expériences de projection astrale, des voix et des tourments avant de finalement trouver Jésus et d'être libérée. Son histoire, parmi tant d'autres, prouve comment une exposition précoce et l'influence générationnelle ouvrent les portes à l'esclavage spirituel.

Référence de Greater Exploits :

Des histoires de personnes qui ont ouvert des portes sans le savoir grâce à des activités « inoffensives » — pour finalement se retrouver piégées dans les ténèbres — peuvent être trouvées dans *Greater Exploits 14* et *Delivered from the Power of Darkness*. (Voir l'annexe)

Informations clés

L'ennemi fait rarement irruption. Il attend qu'une porte s'ouvre. Ce qui semble innocent, hérité ou divertissant peut parfois être la porte dont l'ennemi a besoin.

Journal de réflexion

- Quels moments de ma vie ont pu servir de points d'entrée spirituels ?
- Existe-t-il des traditions ou des objets « inoffensifs » dont je dois me débarrasser ?
- Dois-je renoncer à quelque chose de mon passé ou de ma lignée familiale ?

Prière de renonciation

Père, je ferme toute porte que moi ou mes ancêtres avons pu ouvrir aux ténèbres. Je renonce à tout pacte, à tout lien d'âme et à toute exposition à quoi que ce soit d'impur. Je brise toute chaîne par le sang de Jésus. Je déclare que mon corps, mon âme et mon esprit appartiennent au Christ seul. Au nom de Jésus. Amen.

CHAPITRE 4 : MANIFESTATIONS – DE LA POSSESSION À L'OBSESSION

« *Lorsqu'un esprit impur sort d'un homme, il parcourt des lieux arides en quête de repos, et il ne le trouve pas. Puis il dit : "Je retournerai à la maison que j'ai quittée."* » — Matthieu 12:43

Lorsqu'une personne tombe sous l'influence du royaume des ténèbres, les manifestations varient selon le niveau d'accès démoniaque accordé. L'ennemi spirituel ne se contente pas de visites ; son but ultime est l'habitation et la domination.

Niveaux de manifestation

1. **Influence** – L'ennemi acquiert de l'influence par le biais de ses pensées, de ses émotions et de ses décisions.
2. **Oppression** – Il y a une pression extérieure, une lourdeur, une confusion et un tourment.
3. **Obsession** – La personne devient obsédée par des pensées sombres ou un comportement compulsif.
4. **Possession** – Dans des cas rares mais réels, les démons s'installent et prennent le contrôle de la volonté, de la voix ou du corps d'une personne.

Le degré de manifestation est souvent lié à la profondeur du compromis spirituel.

Études de cas mondiales de manifestation

- **Afrique :** Cas de mari/femme esprit, folie, servitude rituelle.
- **Europe :** Hypnose New Age, projection astrale et fragmentation de l'esprit.

- **Asie :** liens d'âme ancestraux, pièges de réincarnation et vœux de lignée.
- **Amérique du Sud :** Chamanisme, guides spirituels, addiction à la lecture psychique.
- **Amérique du Nord :** sorcellerie dans les médias, horoscopes « inoffensifs », passerelles vers les substances.
- **Moyen-Orient :** rencontres avec des djinns, serments de sang et contrefaçons prophétiques.

Chaque continent présente sa propre forme du même système démoniaque — et les croyants doivent apprendre à reconnaître les signes.

Symptômes courants d'activité démoniaque

- Cauchemars récurrents ou paralysie du sommeil
- Voix ou tourment mental
- Péché compulsif et récidives répétées
- Maladies inexpliquées, peur ou rage
- Force ou connaissance surnaturelle
- Aversion soudaine pour les choses spirituelles

Informations clés

Ce que nous appelons des problèmes « mentaux », « émotionnels » ou « médicaux » peuvent parfois être d'ordre spirituel. Pas toujours, mais souvent, le discernement est crucial.

Journal de réflexion

- Ai-je remarqué des luttes répétitives qui semblent de nature spirituelle ?
- Existe-t-il des schémas générationnels de destruction dans ma famille ?
- Quel type de médias, de musique ou de relations est-ce que j'autorise dans ma vie ?

Prière de renonciation

Seigneur Jésus, je renonce à tout accord secret, à toute porte ouverte et à toute alliance impie dans ma vie. Je romps tout lien avec tout ce qui ne vient pas de Toi, consciemment ou non. J'invite le feu du Saint-Esprit à consumer toute trace de ténèbres dans ma vie. Libère-moi complètement. En ton nom puissant. Amen.

CHAPITRE 5 : LE POUVOIR DE LA PAROLE – L'AUTORITÉ DES CROYANTS

« *Voici, je vous ai donné le pouvoir de marcher sur les serpents et les scorpions, et sur toute la puissance de l'ennemi ; et rien ne pourra vous nuire.* » — Luc 10:19 (LSG)

De nombreux croyants vivent dans la peur des ténèbres, car ils ne comprennent pas la lumière qu'ils portent. Pourtant, l'Écriture révèle que la **Parole de Dieu n'est pas seulement une épée (Éphésiens 6:17)** — elle est aussi un feu (Jérémie 23:29), un marteau, une semence et la vie elle-même. Dans la lutte entre la lumière et les ténèbres, ceux qui connaissent et proclament la Parole ne sont jamais victimes.

Quel est ce pouvoir ?

Le pouvoir que détiennent les croyants est **une autorité déléguée**. Tel un policier avec un badge, nous ne nous appuyons pas sur nos propres forces, mais sur le **nom de Jésus** et la Parole de Dieu. Lorsque Jésus a vaincu Satan dans le désert, il n'a pas crié, pleuré ni paniqué ; il a simplement dit : « *Il est écrit.* »

C'est le modèle de toute guerre spirituelle.

Pourquoi de nombreux chrétiens restent vaincus

1. **Ignorance** – Ils ne savent pas ce que la Parole dit à propos de leur identité.
2. **Silence** – Ils ne déclarent pas la Parole de Dieu sur les situations.
3. **Incohérence** – Ils vivent dans des cycles de péché, ce qui érode la confiance et l'accès.

La victoire ne consiste pas à crier plus fort ; il s'agit de **croire plus profondément** et de **déclarer avec audace**.

L'autorité en action – Histoires mondiales

- **Nigéria :** Un jeune garçon pris au piège du sectarisme a été délivré lorsque sa mère oignait systématiquement sa chambre et récitait le Psaume 91 tous les soirs.
- **États-Unis :** Une ancienne Wiccane a abandonné la sorcellerie après qu'un collègue a discrètement déclaré des écritures sur son espace de travail quotidiennement pendant des mois.
- **Inde :** Un croyant a déclaré Ésaïe 54:17 alors qu'il était confronté à des attaques constantes de magie noire. Les assauts ont cessé et l'agresseur a avoué.
- **Brésil :** Une femme a utilisé quotidiennement les déclarations de Romains 8 sur ses pensées suicidaires et a commencé à marcher dans une paix surnaturelle.

La Parole est vivante. Elle n'a pas besoin de notre perfection, seulement de notre foi et de notre confession.

Comment manier la parole dans la guerre

1. **Mémorisez les passages des Écritures** liés à l'identité, à la victoire et à la protection.
2. **Prononcez la Parole à haute voix**, surtout lors d'attaques spirituelles.
3. **Utilisez-le dans la prière**, en déclarant les promesses de Dieu sur les situations.
4. **Jeûnez et priez** avec la Parole comme ancre (Matthieu 17:21).

Écritures fondamentales pour la guerre

- *2 Corinthiens 10:3–5* – Détruire les forteresses
- *Ésaïe 54:17* – Aucune arme forgée ne prospérera
- *Luc 10:19* – Le pouvoir sur l'ennemi
- *Psaume 91* – Protection divine
- *Apocalypse 12:11* – Vaincu par le sang et le témoignage

Informations clés

La Parole de Dieu dans votre bouche est aussi puissante que la Parole dans la bouche de Dieu — lorsqu'elle est prononcée avec foi.

Journal de réflexion

- Est-ce que je connais mes droits spirituels en tant que croyant ?
- Sur quelles écritures est-ce que je m'appuie activement aujourd'hui ?
- Ai-je laissé la peur ou l'ignorance faire taire mon autorité ?

Prière d'autonomisation

Père, ouvre mes yeux à l'autorité que j'ai en Christ. Apprends-moi à manier ta Parole avec audace et foi. Là où j'ai laissé la peur ou l'ignorance régner, que la révélation vienne. Je me tiens aujourd'hui enfant de Dieu, armé de l'épée de l'Esprit. Je proclamerai la Parole. Je resterai victorieux. Je ne craindrai pas l'ennemi, car plus grand est celui qui est en moi. Au nom de Jésus. Amen.

JOUR 1 : LIGNÉES ET PORTES — BRISER LES CHAÎNES FAMILIALES

>> *Nos pères ont péché et ne sont plus, et nous portons leur châtiment. »* — Lamentations 5:7

Vous pouvez être sauvé, mais votre lignée a toujours une histoire — et jusqu'à ce que les anciennes alliances soient brisées, elles continuent de parler.

Sur tous les continents, il existe des autels cachés, des pactes ancestraux, des vœux secrets et des iniquités héritées qui demeurent actifs jusqu'à ce qu'ils soient spécifiquement traités. Ce qui a commencé avec les arrière-grands-parents pourrait encore influencer le destin des enfants d'aujourd'hui.

Expressions globales

- **Afrique** – Dieux familiaux, oracles, sorcellerie générationnelle, sacrifices de sang.
- **Asie** – Culte des ancêtres, liens de réincarnation, chaînes du karma.
- **Amérique latine** – Santeria, autels mortuaires, serments de sang chamaniques.
- **Europe** – Franc-maçonnerie, racines païennes, pactes de sang.
- **Amérique du Nord** – Héritages New Age, lignée maçonnique, objets occultes.

La malédiction continue jusqu'à ce que quelqu'un se lève pour dire : « Plus jamais ! »

Un témoignage plus profond – Guérir à partir des racines

Une femme d'Afrique de l'Ouest, après avoir lu « *Greater Exploits* » 14 , a compris que ses fausses couches répétées et ses tourments inexpliqués étaient liés à la fonction de prêtre de son grand-père. Elle avait accepté le Christ des années auparavant, mais n'avait jamais respecté les alliances familiales.

Après trois jours de prière et de jeûne, elle fut amenée à détruire certains biens de famille et à renoncer à des alliances, en se basant sur Galates 3:13. Ce même mois, elle conçut et porta un enfant à terme. Aujourd'hui, elle dirige d'autres personnes dans un ministère de guérison et de délivrance.

Un autre homme d'Amérique latine, dont le livre « *Délivré du pouvoir des ténèbres* » , a trouvé la liberté après avoir renoncé à une malédiction franc-maçonnique secrètement transmise par son arrière-grand-père. En appliquant des passages comme Ésaïe 49:24-26 et en priant pour la délivrance, il a vu ses tourments psychiques cesser et la paix revenir dans son foyer.

Ces histoires ne sont pas des coïncidences : elles sont des témoignages de vérité en action.

Plan d'action – Inventaire familial

1. Notez toutes les croyances, pratiques et affiliations familiales connues — religieuses, mystiques ou sociétés secrètes.
2. Demandez à Dieu la révélation des autels et des pactes cachés.
3. Détruisez et jetez dans la prière tout objet lié à l'idolâtrie ou aux pratiques occultes.
4. Soyez rapide et utilisez les Écritures ci-dessous pour innover sur le plan juridique :
    - *Lévitique 26:40–42*
    - *Ésaïe 49:24–26*
    - *Galates 3:13*

DISCUSSION DE GROUPE et application

- Quelles pratiques familiales courantes sont souvent négligées comme inoffensives mais peuvent être spirituellement dangereuses ?
- Demandez aux membres de partager anonymement (si nécessaire) tous les rêves, objets ou cycles récurrents de leur lignée.
- Prière de groupe de renonciation — chaque personne peut prononcer le nom de la famille ou du problème auquel elle renonce.

Outils du ministère : Apportez de l'huile d'onction. Offrez la communion. Dirigez le groupe dans une prière d'alliance de remplacement, consacrant chaque lignée familiale au Christ.

Informations clés

Naître de nouveau sauve votre esprit. Rompre les alliances familiales préserve votre destinée.

Journal de réflexion

- Qu'est-ce qui est courant dans ma famille ? Qu'est-ce qui doit cesser chez moi ?
- Y a-t-il des objets, des noms ou des traditions dans ma maison qui doivent disparaître ?
- Quelles portes mes ancêtres ont-ils ouvertes et que je dois maintenant fermer ?

Prière de libération

Seigneur Jésus, je te remercie pour ton sang qui dit de meilleures choses. Aujourd'hui, je renonce à tout autel caché, à toute alliance familiale et à tout lien héréditaire. Je brise les chaînes de ma lignée et déclare que je suis une nouvelle créature. Ma vie, ma famille et ma destinée t'appartiennent désormais à toi seul. Au nom de Jésus. Amen.

JOUR 2 : INVASIONS DE RÊVE — QUAND LA NUIT DEVIENT UN CHAMP DE BATAILLE

« *Pendant que les hommes dormaient, son ennemi vint, sema de l'ivraie parmi le blé, et s'en alla.* » — Matthieu 13:25

Pour beaucoup, la plus grande guerre spirituelle ne se produit pas lorsqu'ils sont éveillés, mais lorsqu'ils dorment.

Les rêves ne sont pas une simple activité cérébrale aléatoire. Ce sont des portails spirituels par lesquels s'échangent avertissements, attaques, alliances et destins. L'ennemi utilise le sommeil comme un champ de bataille silencieux pour semer la peur, la convoitise, la confusion et le retard – le tout sans résistance, car la plupart des gens ignorent le conflit.

Expressions globales

- **Afrique** – Époux spirituels, serpents, manger dans les rêves, mascarades.
- **Asie** – Rencontres ancestrales, rêves de mort, tourments karmiques.
- **Amérique latine** – Démons animaliers, ombres, paralysie du sommeil.
- **Amérique du Nord** – Projection astrale, rêves extraterrestres, replays de traumatismes.
- **Europe** – Manifestations gothiques, démons sexuels (incube/succube), fragmentations de l'âme.

Si Satan peut contrôler vos rêves, il peut influencer votre destin.

Témoignage – De la terreur nocturne à la paix

Une jeune femme du Royaume-Uni m'a envoyé un courriel après avoir lu *Ex-Sataniste : L'Échange de James*. Elle racontait comment, pendant des années, elle avait rêvé d'être poursuivie, mordue par des chiens ou de coucher avec des inconnus, toujours suivis de revers dans la vie réelle. Ses relations ont échoué, les opportunités d'emploi se sont évaporées et elle était constamment épuisée.

Grâce au jeûne et à l'étude de passages bibliques comme Job 33:14-18, elle a découvert que Dieu parle souvent par les rêves, mais que l'ennemi aussi. Elle a commencé à oindre sa tête d'huile, à rejeter les mauvais rêves à voix haute au réveil et à tenir un journal de ses rêves. Progressivement, ses rêves sont devenus plus clairs et plus paisibles. Aujourd'hui, elle anime un groupe de soutien pour les jeunes femmes souffrant de crises de rêves.

Après avoir écouté un témoignage sur YouTube, un homme d'affaires nigérian a réalisé que son rêve où l'on lui servait de la nourriture tous les soirs était lié à la sorcellerie. Chaque fois qu'il acceptait la nourriture dans son rêve, son entreprise se retrouvait mal. Il a appris à rejeter immédiatement la nourriture dans son rêve, à prier en langues avant de se coucher, et voit désormais des stratégies et des avertissements divins à la place.

Plan d'action – Renforcez vos veilles de nuit

1. **Avant de vous coucher :** Lisez les Écritures à voix haute. Adorez. Oignez votre tête d'huile.
2. **Journal de rêves :** notez chaque rêve au réveil, bon ou mauvais. Demandez l'interprétation au Saint-Esprit.
3. **Rejeter et renoncer :** Si le rêve implique une activité sexuelle, des parents décédés, de la nourriture ou de la servitude, renoncez-y immédiatement dans la prière.
4. **La guerre des Écritures :**
    - *Psaume 4:8* — Sommeil paisible
    - *Job 33:14–18* — Dieu parle à travers les rêves
    - *Matthieu 13:25* — L'ennemi sème l'ivraie
    - *Ésaïe 54:17* — Aucune arme forgée contre toi

Demande de groupe

- Partagez vos rêves récents de manière anonyme. Laissez le groupe discerner les schémas et les significations.

- Apprenez aux membres à rejeter verbalement les mauvais rêves et à sceller les bons dans la prière.
- Déclaration du groupe : « Nous interdisons les transactions démoniaques dans nos rêves, au nom de Jésus ! »

Outils du ministère :

- Apportez du papier et des stylos pour tenir un journal de rêves.
- Montrer comment oindre sa maison et son lit.
- Offrez la communion comme sceau d'alliance pour la nuit.

Informations clés

Les rêves sont soit des portes vers des rencontres divines, soit des pièges démoniaques. Le discernement est essentiel.

Journal de réflexion

- Quel genre de rêves ai-je constamment vécu ?
- Est-ce que je prends le temps de réfléchir à mes rêves ?
- Mes rêves m'ont-ils averti de quelque chose que j'ai ignoré ?

Prière de la Garde Nocturne

Père, je te consacre mes rêves. Qu'aucune puissance maléfique ne s'introduise dans mon sommeil. Je rejette toute alliance démoniaque, toute souillure sexuelle ou toute manipulation dans mes rêves. Je reçois la visitation divine, l'instruction céleste et la protection angélique pendant mon sommeil. Que mes nuits soient remplies de paix, de révélation et de puissance. Au nom de Jésus, amen.

JOUR 3 : ÉPOUX SPIRITUELS — DES UNIONS IMPIES QUI LIENT LES DESTINÉES

« *Car ton Créateur est ton époux, et son nom est l'Éternel des armées...* » — Ésaïe 54:5

« *Ils ont sacrifié leurs fils et leurs filles aux démons.* » — Psaume 106:37

Alors que beaucoup réclament une percée conjugale, ce qu'ils ne réalisent pas, c'est qu'ils sont déjà dans un **mariage spirituel** – un mariage auquel ils n'ont jamais consenti.

Il s'agit d' **alliances conclues par le biais de rêves, d'agressions sexuelles, de rituels sanglants, de pornographie, de serments ancestraux ou de transferts démoniaques**. Le conjoint spirituel – incube (homme) ou succube (femme) – acquiert un droit légal sur le corps, l'intimité et l'avenir de la personne, ce qui bloque souvent les relations, détruit les foyers, provoque des fausses couches et alimente les addictions.

Manifestations mondiales

- **Afrique** – Esprits marins (Mami Wata), épouses/époux spirituels des royaumes aquatiques.
- **Asie** – Mariages célestes, malédictions karmiques des âmes sœurs, conjoints réincarnés.
- **Europe** – Unions de sorcellerie, amants démoniaques issus de la franc-maçonnerie ou des racines druidiques.
- **Amérique latine** – Mariages Santeria, sorts d'amour, « mariages spirituels » basés sur des pactes.
- **Amérique du Nord** – Portails spirituels induits par la pornographie, esprits sexuels new age, enlèvements extraterrestres comme manifestations de rencontres avec des incubes.

Histoires vraies — La bataille pour la liberté conjugale
Tolu, Nigéria.

Tolu avait 32 ans et était célibataire. À chaque fois qu'elle se fiançait, l'homme disparaissait subitement. Elle rêvait constamment de se marier lors de cérémonies fastueuses. Dans *Greater Exploits 14* , elle a reconnu que son cas correspondait à un témoignage partagé dans ce livre. Elle a observé un jeûne de trois jours et des prières de combat nocturnes à minuit, rompant ainsi les liens de l'âme et chassant l'esprit marin qui l'avait emportée. Aujourd'hui, elle est mariée et accompagne d'autres personnes.

Lina, Philippines.

La nuit, Lina sentait souvent une « présence » l'accompagner. Elle pensait se faire des illusions jusqu'à ce que des bleus apparaissent sur ses jambes et ses cuisses sans explication. Son pasteur a discerné un conjoint spirituel. Elle a avoué une dépendance passée à l'avortement et à la pornographie, puis a subi une délivrance. Elle aide désormais les jeunes femmes à identifier des schémas similaires dans sa communauté.

Plan d'action – Rompre l'alliance

1. **Confessez** et repentez-vous des péchés sexuels, des liens d'âme, de l'exposition occulte ou des rituels ancestraux.
2. **Rejetez** tous les mariages spirituels dans la prière — en les nommant, s'ils sont révélés.
3. **Jeûnez** pendant 3 jours (ou selon les instructions) avec Ésaïe 54 et le Psaume 18 comme écritures d'ancrage.
4. **Détruisez** les jetons physiques : bagues, vêtements ou cadeaux liés à d'anciens amants ou à des affiliations occultes.
5. **Déclarez à haute voix :**

Je ne suis marié à aucun esprit. Je suis lié à Jésus-Christ. Je rejette toute union démoniaque dans mon corps, mon âme et mon esprit !

Outils d'écriture

- Ésaïe 54:4–8 – Dieu comme votre véritable époux
- Psaume 18 – Briser les liens de la mort
- 1 Corinthiens 6:15–20 – Votre corps appartient au Seigneur

- Osée 2:6–8 – Rompre les alliances impies

Demande de groupe

- Demandez aux membres du groupe : Avez-vous déjà rêvé de mariages, de relations sexuelles avec des inconnus ou de silhouettes sombres la nuit ?
- Diriger un groupe de renoncement des conjoints spirituels.
- Jouez le rôle d'un « tribunal de divorce au paradis » : chaque participant dépose un divorce spirituel devant Dieu dans la prière.
- Utilisez de l'huile d'onction sur la tête, le ventre et les pieds comme symboles de purification, de reproduction et de mouvement.

Informations clés

Les mariages démoniaques existent bel et bien. Mais aucune union spirituelle ne peut être brisée par le sang de Jésus.

Journal de réflexion

- Ai-je eu des rêves récurrents de mariage ou de sexe ?
- Existe-t-il des schémas de rejet, de retard ou de fausse couche dans ma vie ?
- Suis-je prêt à abandonner entièrement mon corps, ma sexualité et mon avenir à Dieu ?

Prière de délivrance

Père céleste, je me repens de tout péché sexuel, connu ou inconnu. Je rejette et renonce à tout conjoint spirituel, esprit marin ou mariage occulte qui réclame ma vie. Par la puissance du sang de Jésus, je brise toute alliance, semence de rêve et lien d'âme. Je déclare être l'Épouse de Christ, mise à part pour sa gloire. Je marche libre, au nom de Jésus. Amen.

JOUR 4 : OBJETS MAUDITS – PORTES QUI SOUILLENT

« *Tu n'introduiras pas non plus d'abomination dans ta maison, de peur d'être maudit comme elle.* » — Deutéronome 7:26

Une entrée cachée que beaucoup ignorent

Tout bien n'est pas un simple bien. Certains sont porteurs d'histoire. D'autres sont porteurs d'esprits. Les objets maudits ne sont pas seulement des idoles ou des artefacts : il peut s'agir de livres, de bijoux, de statues, de symboles, de cadeaux, de vêtements, voire d'objets de famille hérités autrefois dédiés aux forces obscures. Ce qui se trouve sur votre étagère, votre poignet, votre mur, peut être la porte d'entrée du tourment dans votre vie.

Observations mondiales

- **Afrique** : Calebasses, breloques et bracelets liés aux sorciers ou au culte des ancêtres.
- **Asie** : Amulettes, statues du zodiaque et souvenirs de temple.
- **Amérique Latine** : Colliers Santería, poupées, bougies avec inscriptions spirituelles.
- **Amérique du Nord** : cartes de tarot, planches Ouija, attrape-rêves, souvenirs d'horreur.
- **Europe** : Reliques païennes, livres occultes, accessoires sur le thème des sorcières.

Un couple européen a été soudainement malade et a éprouvé une oppression spirituelle à son retour de vacances à Bali. Sans le savoir, ils avaient acheté une statue sculptée dédiée à une divinité marine locale. Après prière et discernement, ils ont retiré l'objet et l'ont brûlé. La paix est revenue immédiatement.

Une autre femme des témoignages de *Greater Exploits* a rapporté des cauchemars inexplicables, jusqu'à ce qu'il soit révélé qu'un collier offert par sa tante était en fait un dispositif de surveillance spirituelle consacré dans un sanctuaire.

Vous ne nettoyez pas seulement votre maison physiquement, vous devez également la nettoyer spirituellement.

Témoignage : « La poupée qui me regardait »

Lourdes Valdivia, dont nous avons déjà parlé en Amérique du Sud, reçut un jour une poupée de porcelaine lors d'une fête familiale. Sa mère l'avait consacrée lors d'un rituel occulte. Dès la nuit où elle fut apportée dans sa chambre, Lourdes commença à entendre des voix, à souffrir de paralysie du sommeil et à voir des silhouettes la nuit.

Ce n'est que lorsqu'un ami chrétien a prié avec elle et que le Saint-Esprit lui a révélé l'origine de la poupée qu'elle s'en est débarrassée. Immédiatement, la présence démoniaque a disparu. C'est ainsi qu'elle a commencé son éveil : de l'oppression à la délivrance.

Plan d'action – Audit de la maison et du cœur

1. **Parcourez chaque pièce** de votre maison avec de l'huile d'onction et la Parole.
2. **Demandez au Saint-Esprit** de mettre en évidence les objets ou les dons qui ne sont pas de Dieu.
3. **Brûlez ou jetez** les objets liés à l'occultisme, à l'idolâtrie ou à l'immoralité.
4. **Fermez toutes les portes** avec des écritures comme :
   - *Deutéronome 7:26*
   - *Actes 19:19*
   - *2 Corinthiens 6:16–18*

Discussion de groupe et activation

- Partagez tous les objets ou cadeaux que vous possédiez autrefois et qui ont eu des effets inhabituels dans votre vie.
- Créez ensemble une « liste de contrôle pour le nettoyage de la maison ».

- Désignez des partenaires pour prier dans l'environnement familial de chacun (avec permission).
- Invitez un ministre local de délivrance à diriger une prière prophétique de purification du foyer.

Outils pour le ministère : huile d'onction, musique de louange, sacs poubelles (pour les jeter réellement) et un récipient ignifuge pour les objets à détruire.

Informations clés

Ce que vous autorisez dans votre espace peut autoriser les esprits dans votre vie.

Journal de réflexion

- Quels objets dans ma maison ou ma garde-robe ont des origines spirituelles incertaines ?
- Est-ce que je me suis accroché à quelque chose en raison d'une valeur sentimentale et que je dois maintenant abandonner ?
- Suis-je prêt à sanctifier mon espace pour le Saint-Esprit ?

Prière de purification

Seigneur Jésus, j'invite ton Saint-Esprit à révéler tout ce qui, dans ma maison, ne vient pas de toi. Je renonce à tout objet, cadeau ou objet maudit lié aux ténèbres. Je déclare ma maison sainte. Que ta paix et ta pureté y habitent. Au nom de Jésus. Amen.

JOUR 5 : CHARMÉ ET TROMPÉ — SE LIBÉRER DE L'ESPRIT DE DIVINATION

« Ces hommes sont des serviteurs du Dieu Très-Haut , et ils nous annoncent la voie du salut. » — *Actes 16:17 (LSG)*

« Paul, profondément irrité, se retourna et dit à l'esprit : Je t'ordonne, au nom de Jésus-Christ, de sortir d'elle. Et il sortit à l'heure même. » — *Actes 16:18*

Il y a une ligne ténue entre la prophétie et la divination — et beaucoup la franchissent aujourd'hui sans même le savoir.

Des prophètes sur YouTube qui facturent leurs « paroles personnelles » aux tarologues sur les réseaux sociaux qui citent les Écritures, le monde est devenu un marché de bruit spirituel. Et, tragiquement, de nombreux croyants s'abreuvent sans le savoir à des sources polluées.

L' **esprit de divination** imite le Saint-Esprit. Il flatte, séduit, manipule les émotions et enferme ses victimes dans un réseau de contrôle. Son but ? **Enchevêtrer, tromper et asservir spirituellement.**

Expressions mondiales de la divination

- **Afrique** – Oracles, prêtres Ifá , médiums esprits de l'eau, fraude prophétique.
- **Asie** – Chiromanciens, astrologues, voyants ancestraux, « prophètes » de la réincarnation.
- **Amérique latine** – Prophètes de la Santeria, fabricants de charmes, saints aux pouvoirs obscurs.
- **Europe** – Cartes de tarot, voyance, cercles médiumniques, canalisation New Age.
- **Amérique du Nord** – Voyants « chrétiens », numérologie dans les églises, cartes angéliques, guides spirituels déguisés en Saint-Esprit.

Ce qui est dangereux, ce n'est pas seulement ce qu'ils disent, mais l' **esprit** qui se cache derrière.

Témoignage : De clairvoyant à Christ

Une Américaine a témoigné sur YouTube de la façon dont elle est passée du statut de « prophétesse chrétienne » à celui de divinatrice. Elle a commencé à avoir des visions claires, à prononcer des paroles prophétiques détaillées et à attirer de larges foules en ligne. Mais elle a également lutté contre la dépression, fait des cauchemars et entendu des voix murmurantes après chaque séance.

Un jour, alors qu'elle assistait à un enseignement sur *Actes 16*, la balance s'est désintégrée. Elle a réalisé qu'elle ne s'était jamais soumise au Saint-Esprit, seulement à son don. Après un profond repentir et une délivrance, elle a détruit ses cartes angéliques et son journal de jeûne rempli de rituels. Aujourd'hui, elle prêche Jésus, et non plus des « paroles ».

Plan d'action – Tester les esprits

1. Demandez-vous : Est-ce que cette parole/ce don m'attire vers **le Christ** ou vers la **personne** qui le donne ?
2. Testez chaque esprit avec *1 Jean 4:1–3*.
3. Repentez-vous de toute implication dans des pratiques psychiques, occultes ou prophétiques contrefaites.
4. Rompre tous les liens d'âme avec les faux prophètes, devins ou instructeurs de sorcellerie (même en ligne).
5. Déclarez avec audace :

« Je rejette tout esprit de mensonge. J'appartiens à Jésus seul. Mes oreilles sont à l'écoute de sa voix ! »

Demande de groupe

- Discutez : Avez-vous déjà suivi un prophète ou un guide spirituel qui s'est avéré plus tard faux ?
- Exercice de groupe : Amener les membres à renoncer à des pratiques spécifiques comme l'astrologie, les lectures d'âme, les jeux psychiques ou les influenceurs spirituels non enracinés dans le Christ.
- Invitez le Saint-Esprit : accordez-vous 10 minutes de silence et d'écoute. Puis, partagez ce que Dieu révèle, le cas échéant.

- Brûlez ou supprimez les éléments numériques/physiques liés à la divination, y compris les livres, les applications, les vidéos ou les notes.

Outils du ministère :

Huile de délivrance, croix (symbole de soumission), poubelle/seau pour jeter les objets symboliques, musique de culte centrée sur le Saint-Esprit.

Informations clés

Tout surnaturel ne vient pas de Dieu. La véritable prophétie découle de l'intimité avec le Christ, et non de la manipulation ou du spectacle.

Journal de réflexion

- Ai-je déjà été attiré par des pratiques spirituelles psychiques ou manipulatrices ?
- Suis-je plus accro aux « mots » qu'à la Parole de Dieu ?
- À quelles voix ai-je donné accès et qui doivent maintenant être réduites au silence ?

PRIÈRE DE DÉLIVRANCE

Père, je me désolidarise de tout esprit de divination, de manipulation et de fausse prophétie. Je me repens d'avoir cherché une direction sans ta voix. Purifie mon esprit, mon âme et mon âme. Apprends-moi à marcher uniquement par ton Esprit. Je ferme toutes les portes que j'ai ouvertes à l'occultisme, consciemment ou non. Je déclare que Jésus est mon Berger et que je n'entends que sa voix. Au nom puissant de Jésus, Amen.

JOUR 6 : LES PORTES DE L'ŒIL – FERMER LES PORTAILS DES TÉNÈBRES

« L'œil est la lampe du corps. Si tes yeux sont en bon état, tout ton corps sera éclairé. »
— *Matthieu 6:22 (LSG)*

« Je ne mettrai rien de mauvais devant mes yeux... » — *Psaume 101:3 (LSG)*

Dans le monde spirituel, **vos yeux sont des portes.** Ce qui entre par vos yeux affecte votre âme – pureté ou pollution. L'ennemi le sait. C'est pourquoi les médias, les images, la pornographie, les films d'horreur, les symboles occultes, les tendances mode et les contenus séduisants sont devenus des champs de bataille.

La guerre pour votre attention est une guerre pour votre âme.

Ce que beaucoup considèrent comme un « divertissement inoffensif » est souvent une invitation codée – à la luxure, à la peur, à la manipulation, à l'orgueil, à la vanité, à la rébellion ou même à l'attachement démoniaque.

Les passerelles mondiales de l'obscurité visuelle

- **Afrique** – Films rituels, thèmes de Nollywood normalisant la sorcellerie et la polygamie.
- **Asie** – Anime et manga avec portails spirituels, esprits séduisants, voyages astraux.
- **Europe** – Mode gothique, films d'horreur, obsessions vampiriques, art satanique.
- **Amérique latine** – Telenovelas glorifiant la sorcellerie, les malédictions et la vengeance.
- **Amérique du Nord** – Médias grand public, clips musicaux, pornographie, dessins animés démoniaques « mignons ».

Ce que vous regardez constamment, vous y devenez insensible.

Histoire : « Le dessin animé qui a maudit mon enfant »

Une mère américaine a remarqué que son enfant de 5 ans se mettait à crier la nuit et à dessiner des images dérangeantes. Après une prière, le Saint-Esprit lui a montré un dessin animé que son fils regardait en cachette, rempli de sorts, d'esprits parlants et de symboles qu'elle n'avait pas remarqués.

Elle a supprimé les émissions et a purifié sa maison et ses écrans. Après plusieurs nuits de prières nocturnes et de récitation du Psaume 91, les crises ont cessé et le garçon a pu dormir paisiblement. Elle anime désormais un groupe de soutien qui aide les parents à protéger les barrières visuelles de leurs enfants.

Plan d'action – Purification de la porte des yeux

1. Faites un **audit des médias** : Que regardez-vous ? Lisez-vous ? Faites-vous défiler ?
2. Annulez les abonnements ou les plateformes qui nourrissent votre chair au lieu de votre foi.
3. Oignez vos yeux et vos écrans, en déclarant le Psaume 101:3.
4. Remplacez les déchets par des apports pieux : documentaires, culte, pur divertissement.
5. Déclarer:

« Je ne mettrai rien de mauvais devant mes yeux. Ma vision appartient à Dieu. »

Demande de groupe

- Défi : Jeûne Eye Gate de 7 jours — pas de médias toxiques, pas de défilement inactif.
- Partager : Quel contenu le Saint-Esprit vous a-t-il dit d'arrêter de regarder ?
- Exercice : Posez les mains sur vos yeux et renoncez à toute souillure par la vision (par exemple, la pornographie, l'horreur, la vanité).
- Activité : Invitez les membres à supprimer des applications, à graver des livres ou à jeter des objets qui corrompent leur vue.

Outils : Huile d'olive, applications de responsabilisation, économiseurs d'écran d'Écritures, cartes de prière Eye Gate.

Informations clés

Vous ne pouvez pas marcher avec autorité sur les démons si vous vous laissez divertir par eux.

Journal de réflexion

- De quoi nourris-je mes yeux qui pourrait nourrir l'obscurité dans ma vie ?
- Quand ai-je pleuré pour la dernière fois à cause de ce qui brise le cœur de Dieu ?
- Ai-je donné au Saint-Esprit le contrôle total sur mon temps passé devant un écran ?

Prière de pureté

Seigneur Jésus, je te demande de verser ton sang sur mes yeux. Pardonne-moi pour les choses que j'ai laissées pénétrer par mes écrans, mes livres et mon imagination. Aujourd'hui, je déclare que mes yeux sont tournés vers la lumière, non vers les ténèbres. Je rejette toute image, toute convoitise et toute influence qui ne viennent pas de Toi. Purifie mon âme. Protège mon regard. Et laisse-moi voir ce que Tu vois – dans la sainteté et la vérité. Amen.

JOUR 7 : LE POUVOIR DERRIÈRE LES NOMS — RENONCE AUX IDENTITÉS IMPIE

« Et Jaebets invoqua le Dieu d'Israël, en disant : Oh ! si tu me bénissais vraiment... » Et Dieu lui accorda ce qu'il demandait. »
— *1 Chroniques 4:10*

« Tu ne seras plus appelé Abram, mais Abraham... » — *Genèse 17:5*

Les noms ne sont pas de simples étiquettes : ce sont des déclarations spirituelles. Dans les Écritures, les noms reflétaient souvent le destin, la personnalité, voire l'esclavage. Nommer quelque chose, c'est lui donner une identité et une direction. L'ennemi le comprend ; c'est pourquoi de nombreuses personnes sont inconsciemment piégées par des noms donnés par ignorance, par souffrance ou par esclavage spirituel.

Tout comme Dieu a changé les noms (Abram en Abraham, Jacob en Israël, Saraï en Sarah), Il change encore les destins en renommant Son peuple.

Contextes mondiaux de l'esclavage des noms

- **Afrique** – Enfants nommés d'après des ancêtres décédés ou des idoles (« Ogbanje », « Dike », « Ifunanya » lié à des significations).
- **Asie** – Noms de réincarnation liés aux cycles karmiques ou aux divinités.
- **Europe** – Noms enracinés dans un héritage païen ou de sorcellerie (par exemple, Freya, Thor, Merlin).
- **Amérique latine** – Noms influencés par la Santeria, notamment par les baptêmes spirituels.
- **Amérique du Nord** – Noms tirés de la culture pop, de mouvements de rébellion ou de dédicaces ancestrales.

Les noms sont importants — et ils peuvent être porteurs de pouvoir, de bénédiction ou d'esclavage.

Histoire : « Pourquoi j'ai dû renommer ma fille »

Dans *Greater Exploits 14*, un couple nigérian a prénommé sa fille « Amaka », ce qui signifie « belle », mais elle souffrait d'une maladie rare qui déconcertait les médecins. Lors d'une conférence prophétique, la mère a reçu une révélation : ce nom avait été utilisé autrefois par sa grand-mère, une sorcière, dont l'esprit s'emparait désormais de l'enfant.

Ils ont changé son nom en « Oluwatamilore » (Dieu m'a bénie), suivi d'un jeûne et de prières. L'enfant s'est complètement rétablie.

Un autre cas, en Inde, concernait un homme nommé « Karma », aux prises avec des malédictions générationnelles. Après avoir renoncé à ses liens avec l'hindouisme et changé son nom en « Jonathan », il a commencé à connaître une amélioration de ses finances et de sa santé.

Plan d'action – Enquête sur votre nom

1. Recherchez la signification complète de vos noms : prénom, deuxième prénom, nom de famille.
2. Demandez à vos parents ou à vos aînés pourquoi on vous a donné ces noms.
3. Renoncez aux significations spirituelles négatives ou aux dédicaces dans la prière.
4. Déclarez votre identité divine en Christ :

« Je suis appelé du nom de Dieu. Mon nouveau nom est inscrit dans les cieux (Apocalypse 2:17). »

ENGAGEMENT DE GROUPE

- Demandez aux membres : Que signifie votre nom ? Avez-vous déjà rêvé de ce nom ?
- Faites une « prière de dénomination » — déclarant prophétiquement l'identité de chaque personne.
- Imposez les mains à ceux qui ont besoin de rompre avec des noms liés

à des alliances ou à l'esclavage ancestral.

Outils : Imprimez des cartes de signification de nom, apportez de l'huile d'onction, utilisez des passages des Écritures sur les changements de nom.

Informations clés

Vous ne pouvez pas marcher dans votre véritable identité tout en répondant à une fausse identité.

Journal de réflexion

- Que signifie mon nom – spirituellement et culturellement ?
- Est-ce que je me sens en phase avec mon nom ou en conflit avec lui ?
- Quel nom le ciel m'appelle-t-il ?

Prière de renommage

Père, au nom de Jésus, je te remercie de m'avoir donné une nouvelle identité en Christ. Je brise toute malédiction, alliance ou lien démoniaque lié à mon nom. Je renonce à tout nom qui ne correspond pas à ta volonté. Je reçois le nom et l'identité que le ciel m'a donnés – pleins de puissance, de sens et de pureté. Au nom de Jésus. Amen.

JOUR 8 : DÉMASQUER LA FAUSSE LUMIÈRE — LES PIÈGES DU NEW AGE ET LES TROMPERIES ANGÉLIQUES

« *Et ce n'est pas étonnant ! Car Satan lui-même se déguise en ange de lumière.* » — 2 Corinthiens 11:14

« *Bien-aimés, n'ajoutez pas foi à tout esprit, mais éprouvez les esprits pour savoir s'ils sont de Dieu...* » — 1 Jean 4:1

Tout ce qui brille n'est pas Dieu.

Dans le monde d'aujourd'hui, de plus en plus de personnes recherchent la « lumière », la « guérison » et l'« énergie » en dehors de la Parole de Dieu. Elles se tournent vers la méditation, les autels de yoga, les activations du troisième œil, l'invocation ancestrale, les tirages de tarot, les rituels lunaires, la canalisation angélique et même le mysticisme à consonance chrétienne. L'illusion est puissante, car elle s'accompagne souvent de paix, de beauté et de puissance – au départ.

Mais derrière ces mouvements se cachent des esprits de divination, de fausses prophéties et d'anciennes divinités qui portent le masque de lumière pour accéder légalement à l'âme des gens.

Portée mondiale de la fausse lumière

- **Amérique du Nord** – Cristaux, purification à la sauge, loi de l'attraction, médiums, codes de lumière extraterrestre.
- **Europe** – Paganisme rebaptisé, culte des déesses, sorcellerie blanche, festivals spirituels.
- **Amérique latine** – La Santeria se mêle aux saints catholiques et aux guérisseurs spirites (curanderos).
- **Afrique** – Contrefaçons prophétiques utilisant des autels d'anges et de l'eau rituelle.

- **Asie** – Chakras, « illumination » du yoga, conseils en réincarnation, esprits du temple.

Ces pratiques peuvent offrir une « lumière » temporaire, mais elles assombrissent l'âme au fil du temps.

Témoignage : Délivrance de la lumière qui a trompé

Depuis *Greater Exploits 14*, Mercy (Royaume-Uni) participait à des ateliers sur les anges et pratiquait la méditation « chrétienne » avec de l'encens, des cristaux et des cartes angéliques. Elle croyait accéder à la lumière divine, mais elle a rapidement commencé à entendre des voix pendant son sommeil et à ressentir une peur inexpliquée la nuit.

Sa délivrance a commencé lorsqu'on lui a offert *le Jameses Exchange*, et qu'elle a réalisé les similitudes entre son expérience et celle d'un ancien sataniste qui parlait de tromperies angéliques. Elle s'est repentie, a détruit tous les objets occultes et s'est soumise à des prières de délivrance complètes.

Aujourd'hui, elle témoigne avec audace contre la tromperie du Nouvel Âge dans les églises et a aidé d'autres personnes à renoncer à des voies similaires.

Plan d'action – Tester les esprits

1. **Faites l'inventaire de vos pratiques et de vos croyances** : sont-elles conformes aux Écritures ou semblent-elles simplement spirituelles ?
2. **Renoncez et détruisez** tous les matériaux de fausse lumière : cristaux, manuels de yoga, cartes d'anges, attrape-rêves, etc.
3. **Priez le Psaume 119:105** — demandez à Dieu de faire de sa Parole votre seule lumière.
4. **Déclarez la guerre à la confusion** — liez les esprits familiers et les fausses révélations.

DEMANDE DE GROUPE

- **Discutez** : Avez-vous ou connaissez-vous quelqu'un qui a été attiré par des pratiques « spirituelles » qui n'étaient pas centrées sur Jésus ?
- **Discernement par jeu de rôle** : Lisez des extraits de paroles «

spirituelles » (par exemple, « Faites confiance à l'univers ») et comparez-les aux Écritures.
- **Séance d'onction et de délivrance** : Brisez les autels de la fausse lumière et remplacez-les par une alliance avec la *Lumière du monde* (Jean 8:12).

Outils du ministère :

- Apportez de véritables objets New Age (ou des photos de ceux-ci) pour l'enseignement par objets.
- Offrez une prière de délivrance contre les esprits familiers (voir Actes 16:16–18).

Informations clés

L'arme la plus dangereuse de Satan n'est pas l'obscurité, mais la fausse lumière.

Journal de réflexion

- Ai-je ouvert des portes spirituelles grâce à des enseignements « légers » non enracinés dans les Écritures ?
- Est-ce que je fais confiance au Saint-Esprit ou à l'intuition et à l'énergie ?
- Suis-je prêt à abandonner toutes les formes de fausse spiritualité pour la vérité de Dieu ?

PRIÈRE DE RENONCIATION

Père , je me repens de toute façon dont j'ai entretenu ou fréquenté la fausse lumière. Je renonce à toute forme de Nouvel Âge, de sorcellerie et de spiritualité trompeuse. Je romps tout lien avec les imposteurs angéliques, les guides spirituels et les fausses révélations. Je reçois Jésus, la véritable Lumière du monde. Je déclare que je ne suivrai aucune autre voix que la tienne, au nom de Jésus. Amen.

JOUR 9 : L'AUTEL DU SANG — DES ALLIANCES QUI EXIGENT UNE VIE

« *Et ils bâtirent les hauts lieux de Baal... pour faire passer leurs fils et leurs filles par le feu en l'honneur de Moloch.* » — Jérémie 32:35

« *Et ils le vainquirent à cause du sang de l'Agneau et à cause de la parole de leur témoignage...* » — Apocalypse 12:11

Il y a des autels qui ne demandent pas seulement votre attention, ils exigent votre sang.

Depuis l'Antiquité jusqu'à nos jours, les alliances de sang ont été une pratique fondamentale du royaume des ténèbres. Certaines sont contractées sciemment par la sorcellerie, l'avortement, les meurtres rituels ou les initiations occultes. D'autres sont héritées de pratiques ancestrales ou contractées inconsciemment par ignorance spirituelle.

Partout où du sang innocent est versé — que ce soit dans des sanctuaires, des chambres ou des salles de réunion — un autel démoniaque parle.

Ces autels prennent des vies, interrompent des destins et créent un terrain juridique pour l'affliction démoniaque.

Autels mondiaux du sang

- **Afrique** – Meurtres rituels, rituels d'argent, sacrifices d'enfants, pactes de sang à la naissance.
- **Asie** – Offrandes de sang au temple, malédictions familiales par l'avortement ou serments de guerre.
- **Amérique latine** – Santeria : sacrifices d'animaux, offrandes de sang aux esprits des morts.
- **Amérique du Nord** – Idéologie de l'avortement comme sacrement, fraternités démoniaques du serment de sang.
- **Europe** – Anciens rites druidiques et francs-maçons, autels de sang

de l'époque de la Guerre mondiale toujours impénitents.

Ces alliances, à moins d'être rompues, continuent de coûter des vies, souvent de manière cyclique.

Histoire vraie : le sacrifice d'un père

Dans « *Délivrée du pouvoir des ténèbres* », une femme d'Afrique centrale découvre, lors d'une séance de délivrance, que ses fréquentes frôlements de la mort sont liés à un serment de sang que son père lui a fait. Il lui a promis la vie en échange de richesses après des années d'infertilité.

Après la mort de son père, elle a commencé à voir des ombres et à être victime d'accidents presque mortels chaque année, le jour de son anniversaire. Sa révélation est venue lorsqu'elle a été amenée à réciter quotidiennement le Psaume 118:17 — « *Je ne mourrai pas, mais je vivrai...* » —, suivi d'une série de prières de renoncement et de jeûnes. Aujourd'hui, elle mène un puissant ministère d'intercession.

Un autre récit de *Greater Exploits 14* décrit un homme d'Amérique latine qui participa à une initiation sanglante au sein d'un gang. Des années plus tard, même après avoir accepté le Christ, sa vie fut constamment bouleversée, jusqu'à ce qu'il rompe l'alliance du sang par un jeûne prolongé, une confession publique et le baptême d'eau. Le tourment cessa.

Plan d'action – Faire taire les autels de sang

1. **Repentez-vous** pour tout avortement, pacte de sang occulte ou effusion de sang héréditaire.
2. **Renoncez** à haute voix et en nommant toutes les alliances de sang connues et inconnues.
3. **Jeûnez pendant 3 jours** avec communion prise quotidiennement, déclarant le sang de Jésus comme votre couverture légale.
4. **Déclarez à haute voix** :

« *Par le sang de Jésus, je romps toute alliance de sang conclue en ma faveur. Je suis racheté !* »

DEMANDE DE GROUPE

- Discutez de la différence entre les liens du sang naturels et les alliances de sang démoniaques.
- Utilisez un ruban/fil rouge pour représenter les autels de sang et des ciseaux pour les couper de manière prophétique.
- Invitez un témoignage de quelqu'un qui s'est libéré de l'esclavage lié au sang.

Outils du ministère :

- Éléments de communion
- Huile d'onction
- Déclarations de délivrance
- Visuel de bris d'autel aux chandelles si possible

Informations clés
Satan fait commerce du sang. Jésus a surpayé votre liberté avec le sien.
Journal de réflexion

- Est-ce que moi ou ma famille avons participé à quelque chose qui impliquait un bain de sang ou des serments ?
- Y a-t-il des décès récurrents, des fausses couches ou des schémas violents dans ma lignée ?
- Ai-je pleinement fait confiance au sang de Jésus pour parler plus fort sur ma vie ?

Prière de délivrance
Seigneur Jésus , je te remercie pour ton précieux sang qui parle mieux que celui d'Abel. Je me repens de toute alliance de sang que moi ou mes ancêtres avons contractée, consciemment ou non. J'y renonce maintenant. Je déclare être couvert par le sang de l'Agneau. Que tout autel démoniaque exigeant ma vie soit réduit au silence et brisé. Je vis parce que tu es mort pour moi. Au nom de Jésus. Amen.

JOUR 10 : STÉRIÉTÉ ET BRISURE — QUAND L'UTÉRUS DEVIENT UN CHAMP DE BATAILLE

« *Il n'y aura ni avorton ni stérile dans ton pays ; j'accomplirai le nombre de tes jours.* » — Exode 23:26

« *Il donne une famille à la femme stérile, il fait d'elle une mère heureuse. Louez l'Éternel !* » — Psaume 113:9

L'infertilité est plus qu'un problème médical. Elle peut être un rempart spirituel ancré dans de profondes luttes émotionnelles, ancestrales et même territoriales.

Dans tous les pays, la stérilité est utilisée par l'ennemi pour humilier, isoler et détruire les femmes et les familles. Si certaines causes sont physiologiques, beaucoup sont profondément spirituelles : liées à des autels générationnels, des malédictions, des conjoints spirituels, des destins avortés ou des blessures de l'âme.

Derrière chaque ventre stérile se cache une promesse du ciel. Mais il y a souvent un combat à mener avant la conception, dans le ventre et dans l'esprit.

Modèles mondiaux de stérilité

- **Afrique** – Lié à la polygamie, aux malédictions ancestrales, aux pactes de sanctuaire et aux enfants spirituels.
- **Asie** – Croyances karmiques, vœux de vies antérieures, malédictions générationnelles, culture de la honte.
- **Amérique latine** – Fermeture de l'utérus par sorcellerie, sorts d'envie.
- **Europe** – Surdépendance à la FIV, sacrifices d'enfants francs-maçons, culpabilité liée à l'avortement.
- **Amérique du Nord** – Traumatismes émotionnels, blessures de l'âme, cycles de fausses couches, médicaments modifiant les hormones.

HISTOIRES VRAIES – Des larmes aux témoignages
Maria de Bolivie (Amérique latine)

Maria avait subi cinq fausses couches. À chaque fois, elle rêvait de tenir un bébé en pleurs et voyait du sang le lendemain matin. Les médecins ne parvenaient pas à expliquer son état. Après avoir lu un témoignage dans *Greater Exploits* , elle réalisa qu'elle avait hérité d'un autel familial de stérilité, hérité d'une grand-mère qui avait dédié tous les utérus féminins à une divinité locale.

Elle jeûna et récita le Psaume 113 pendant 14 jours. Son pasteur l'incita à rompre l'alliance par la communion. Neuf mois plus tard, elle donna naissance à des jumeaux.

Ngozi, originaire du Nigéria (Afrique),

était mariée depuis dix ans sans enfant. Lors de prières de délivrance, il lui fut révélé qu'elle avait été mariée dans le monde spirituel à un marin. À chaque cycle d'ovulation, elle faisait des rêves sexuels. Après une série de prières de guerre nocturnes et un acte prophétique consistant à brûler son alliance, issue d'une initiation occulte passée, son utérus s'ouvrit.

Plan d'action – Ouvrir l'utérus

1. **Identifiez la racine** – ancestrale, émotionnelle, conjugale ou médicale.
2. **Repentez-vous des avortements passés** , des liens d'âme, des péchés sexuels et des dévouements occultes.
3. **Oignez votre ventre quotidiennement** en déclarant Exode 23:26 et Psaume 113.
4. **Jeûnez pendant 3 jours** et prenez la communion quotidiennement, en rejetant tous les autels liés à votre utérus.
5. **Parlez à voix haute** :

Mon ventre est béni. Je rejette toute alliance de stérilité. Je concevrai et porterai un enfant à terme par la puissance du Saint-Esprit !

Demande de groupe

- Invitez les femmes (et les couples) à partager les fardeaux du retard dans un espace sûr et de prière.
- Utilisez des foulards ou des tissus rouges noués autour de la taille, puis dénoués prophétiquement en signe de liberté.
- Dirigez une cérémonie prophétique de « nomination » — déclarez les enfants à naître par la foi.
- Brisez les jurons, la honte culturelle et la haine de soi dans les cercles de prière.

Outils du ministère :

- Huile d'olive (oindre les utérus)
- Communion
- Manteaux/châles (symbolisant la couverture et la nouveauté)

Informations clés

La stérilité n'est pas une fin en soi : c'est un appel à la guerre, à la foi et à la restauration. Le retard de Dieu n'est pas un déni.

Journal de réflexion

- Quelles blessures émotionnelles ou spirituelles sont liées à mon utérus ?
- Ai-je laissé la honte ou l'amertume remplacer mon espoir ?
- Suis-je prêt à affronter les causes profondes avec foi et action ?

Prière de guérison et de conception

Père, je m'appuie sur ta Parole qui dit que nul ne sera stérile sur la terre. Je rejette tout mensonge, tout autel et tout esprit qui entrave ma fécondité. Je me pardonne, ainsi qu'à ceux qui ont calomnié mon corps. Je reçois la guérison, la restauration et la vie. Je déclare mon sein fécond et ma joie pleine. Au nom de Jésus. Amen.

JOUR 11 : TROUBLES AUTO-IMMUNS ET FATIGUE CHRONIQUE — LA GUERRE INVISIBLE INTÉRIEURE

« *Une maison divisée contre elle-même ne tiendra pas.* » — Matthieu 12:25

« *Il donne de la force à celui qui est faible, et il fortifie celui qui est abattu.* » — Ésaïe 40:29

Les maladies auto-immunes sont des maladies où l'organisme s'attaque à lui-même, prenant ses propres cellules pour des ennemis. Le lupus, la polyarthrite rhumatoïde, la sclérose en plaques, la maladie de Hashimoto et d'autres maladies en font partie.

Le syndrome de fatigue chronique (SFC), la fibromyalgie et d'autres troubles d'épuisement inexpliqués s'accompagnent souvent de troubles auto-immuns. Mais au-delà des facteurs biologiques, nombre de ceux qui en souffrent portent en eux des traumatismes émotionnels, des blessures de l'âme et des fardeaux spirituels.

Le corps réclame à cor et à cri non seulement des médicaments, mais aussi la paix. Nombreux sont ceux qui sont en guerre intérieure.

Aperçu mondial

- **Afrique** – Augmentation des diagnostics auto-immuns liés aux traumatismes, à la pollution et au stress.
- **Asie** – Des taux élevés de troubles thyroïdiens liés à la répression ancestrale et à la culture de la honte.
- **Europe et Amérique** – Épidémie de fatigue chronique et d'épuisement professionnel due à une culture axée sur la performance.
- **Amérique latine** – Les malades sont souvent mal diagnostiqués ; stigmatisation et attaques spirituelles par fragmentation de l'âme ou malédictions.

Racines spirituelles cachées

- **Haine de soi ou honte** — se sentir « pas assez bien ».
- **Manque de pardon envers soi-même ou envers les autres** : le système immunitaire imite la condition spirituelle.
- **Un deuil ou une trahison non traité** ouvre la porte à la fatigue de l'âme et à l'effondrement physique.
- **Flèches d'affliction de sorcellerie ou de jalousie** — utilisées pour drainer la force spirituelle et physique.

Histoires vraies – Des batailles menées dans l'obscurité
Elena, d'Espagne,

a reçu un diagnostic de lupus après une longue relation violente qui l'a laissée émotionnellement brisée. Grâce à la thérapie et à la prière, il est apparu qu'elle avait intériorisé la haine, se croyant inutile. Lorsqu'elle a commencé à se pardonner et à confronter ses blessures intérieures avec les Écritures, ses crises ont considérablement diminué. Elle témoigne du pouvoir guérisseur de la Parole et de la purification de l'âme.

James des États-Unis

James, un cadre d'entreprise motivé, s'est effondré à cause du syndrome de fatigue chronique (SFC) après 20 ans de stress incessant. Lors de sa délivrance, il a découvert qu'une malédiction générationnelle, celle d'un effort sans relâche, rongeait les hommes de sa famille. Il a entamé un temps de sabbat, de prière et de confession, et a retrouvé non seulement sa santé, mais aussi son identité.

Plan d'action – Guérir l'âme et le système immunitaire

1. **Priez le Psaume 103:1–5** à haute voix chaque matin, en particulier les v.3-5.
2. **Faites la liste de vos croyances profondes** : que vous dites-vous ? Brisez les mensonges.
3. **Pardonnez profondément**, surtout à vous-même.
4. **Prenez la communion** pour réinitialiser l'alliance corporelle — voir Ésaïe 53.
5. **Reposez-vous en Dieu** — Le sabbat n'est pas facultatif, c'est une guerre spirituelle contre l'épuisement professionnel.

Je déclare que mon corps n'est pas mon ennemi. Chaque cellule de moi s'harmonisera avec l'ordre et la paix divine. Je reçois la force et la guérison de Dieu.

Demande de groupe

- Demandez aux membres de partager les schémas de fatigue ou l'épuisement émotionnel qu'ils cachent.
- Faites un exercice de « vidage de l'âme » : écrivez vos fardeaux, puis brûlez-les ou enterrez-les symboliquement.
- Imposez les mains à ceux qui souffrent de symptômes auto-immuns ; commandez l'équilibre et la paix.
- Encouragez la tenue d'un journal de 7 jours sur les déclencheurs émotionnels et les Écritures de guérison.

Outils du ministère :

- Huiles essentielles ou onction parfumée pour se rafraîchir
- Journaux ou blocs-notes
- Bande sonore de méditation du Psaume 23

Informations clés

Ce qui attaque l'âme se manifeste souvent dans le corps. La guérison doit venir de l'intérieur.

Journal de réflexion

- Est-ce que je me sens en sécurité dans mon corps et dans mes pensées ?
- Est-ce que je ressens de la honte ou du blâme à cause d'échecs ou de traumatismes passés ?
- Que puis-je faire pour commencer à honorer le repos et la paix en tant que pratiques spirituelles ?

Prière de restauration

Seigneur Jésus, tu es mon guérisseur. Aujourd'hui, je rejette tout mensonge qui prétend que je suis brisé, sale ou condamné. Je me pardonne et pardonne aux autres. Je bénis chaque cellule de mon corps. Je reçois la paix dans mon âme et un système immunitaire régénéré. Par tes blessures, je suis guéri. Amen.

JOUR 12 : ÉPILEPSIE ET TOURMENTS MENTAUX — QUAND L'ESPRIT DEVIENT UN CHAMP DE BATAILLE

« *Seigneur, aie pitié de mon fils, car il est lunatique et cruellement tourmenté ; il tombe souvent dans le feu, et souvent dans l'eau.* » — Matthieu 17:15

« *Dieu ne nous a pas donné un esprit de timidité, mais un esprit de force, d'amour et de sagesse.* » — 2 Timothée 1:7

Certaines affections ne sont pas seulement médicales : ce sont des champs de bataille spirituels déguisés en maladie.

L'épilepsie, les crises d'épilepsie, la schizophrénie, les épisodes bipolaires et les troubles mentaux ont souvent des racines invisibles. Si les médicaments ont leur place, le discernement est essentiel. Dans de nombreux récits bibliques, les crises d'épilepsie et les agressions mentales étaient le résultat d'une oppression démoniaque.

La société moderne soigne ce que Jésus a souvent *rejeté*.

Réalité mondiale

- **Afrique** – Crises fréquemment attribuées à des malédictions ou à des esprits ancestraux.
- **Asie** – Les épileptiques sont souvent cachés en raison de la honte et de la stigmatisation spirituelle.
- **Amérique latine** – Schizophrénie liée à la sorcellerie générationnelle ou à des vocations avortées.
- **Europe et Amérique du Nord** – Le surdiagnostic et la surmédication masquent souvent des causes profondes démoniaques.

Histoires vraies – Délivrance dans le feu
Musa du nord du Nigéria

Musa souffrait de crises d'épilepsie depuis son enfance. Sa famille a tout essayé, des médecins indigènes aux prières de l'église. Un jour, lors d'une cérémonie de délivrance, l'Esprit lui a révélé que son grand-père l'avait offert en échange d'une sorcellerie. Après avoir rompu l'alliance et l'avoir oint, il n'a plus jamais eu de crise.

Daniel du Pérou

Diagnostiqué bipolaire, Daniel souffrait de rêves et de voix violents. Il a découvert plus tard que son père avait participé à des rituels sataniques secrets dans les montagnes. Des prières de délivrance et un jeûne de trois jours lui ont apporté la clarté. Les voix ont cessé. Aujourd'hui, Daniel est calme, rétabli et se prépare au ministère.

Signes à surveiller

- Épisodes répétés de crises sans cause neurologique connue.
- Voix, hallucinations, pensées violentes ou suicidaires.
- Perte de temps ou de mémoire, peur inexplicable ou crises physiques pendant la prière.
- Modèles familiaux de folie ou de suicide.

Plan d'action – Prendre autorité sur l'esprit

1. **Repentez-vous de tous les liens occultes, traumatismes ou malédictions connus.**
2. **Impose chaque jour les mains sur ta tête, en déclarant que tu es sain d'esprit (2 Timothée 1:7).**
3. **Jeûnez et priez pour les esprits qui lient l'esprit.**
4. **Brisez les serments ancestraux, les dédicaces ou les malédictions de la lignée.**
5. **Si possible, rejoignez un partenaire de prière solide ou une équipe de délivrance.**

Je rejette tout esprit de tourment, de crise et de confusion. Je reçois un esprit sain et des émotions stables, au nom de Jésus !

Ministère de groupe et application

- Identifier les schémas familiaux de maladie mentale ou de crises.
- Priez pour ceux qui souffrent – utilisez de l'huile d'onction sur le front.
- Demandez aux intercesseurs de se promener dans la salle en déclarant : « Silence, taisez-vous ! » (Marc 4:39)
- Invitez les personnes concernées à rompre leurs accords verbaux : « Je ne suis pas fou. Je suis guéri et entier. »

Outils du ministère :

- Huile d'onction
- Cartes de déclaration de guérison
- Musique de culte qui prône la paix et l'identité

Informations clés

Toutes les afflictions ne sont pas uniquement physiques. Certaines trouvent leur origine dans d'anciennes alliances et des fondements juridiques démoniaques qui doivent être traités spirituellement.

Journal de réflexion

- Ai-je déjà été tourmenté dans mes pensées ou dans mon sommeil ?
- Y a-t-il des traumatismes non guéris ou des portes spirituelles que je dois fermer ?
- Quelle vérité puis-je déclarer quotidiennement pour ancrer mon esprit dans la Parole de Dieu ?

Prière de solidité

Seigneur Jésus , tu es le Restaurateur de mon esprit. Je renonce à toute alliance, tout traumatisme ou tout esprit démoniaque qui attaque mon cerveau, mes émotions et ma clarté. Je reçois la guérison et un esprit sain. Je décrète que je vivrai et ne mourrai pas. Je fonctionnerai pleinement, au nom de Jésus. Amen.

JOUR 13 : ESPRIT DE PEUR — BRISER LA CAGE DU TOURMENT INVISIBLE

> *Car ce n'est pas un esprit de timidité que Dieu nous a donné, mais un esprit de force, d'amour et de sagesse. »* — 2 Timothée 1:7
>
> *« La crainte produit un tourment... »* — 1 Jean 4:18

La peur n'est pas seulement une émotion, elle peut être un *esprit*.

Elle vous annonce l'échec avant même de commencer. Elle amplifie le rejet. Elle paralyse les objectifs. Elle paralyse les nations.

Beaucoup sont dans des prisons invisibles construites par la peur : peur de la mort, de l'échec, de la pauvreté, des gens, de la maladie, de la guerre spirituelle et de l'inconnu.

Derrière de nombreuses crises d'angoisse, troubles paniques et phobies irrationnelles se cache une mission spirituelle envoyée pour **neutraliser les destins**.

Manifestations mondiales

- **Afrique** – Une peur ancrée dans des malédictions générationnelles, des représailles ancestrales ou des réactions de sorcellerie.
- **Asie** – Honte culturelle, peur karmique, angoisses de réincarnation.
- **Amérique latine** – Peur des malédictions, des légendes villageoises et des représailles spirituelles.
- **Europe et Amérique du Nord** – Angoisse cachée, troubles diagnostiqués, peur de la confrontation, du succès ou du rejet – souvent spirituels mais étiquetés psychologiques.

Histoires vraies – Démasquer l'esprit
Sarah du Canada

Pendant des années, Sarah n'arrivait pas à dormir dans le noir. Elle sentait constamment une présence dans la pièce. Les médecins ont diagnostiqué de l'anxiété, mais aucun traitement n'a fonctionné. Lors d'une séance de délivrance en ligne, il a été révélé qu'une peur d'enfance lui avait ouvert la porte d'un esprit tourmenteur à travers un cauchemar et un film d'horreur. Elle s'est repentie, a renoncé à cette peur et lui a ordonné de disparaître. Elle dort maintenant en paix.

Uche du Nigéria

Uche fut appelé à prêcher, mais chaque fois qu'il se tenait devant des auditeurs, il se figeait. La peur était surnaturelle : étouffante, paralysante. Dans sa prière, Dieu lui révéla une malédiction prononcée par un enseignant qui se moquait de sa voix lorsqu'il était enfant. Cette parole forma une chaîne spirituelle. Une fois brisée, il commença à prêcher avec audace.

Plan d'action – Surmonter la peur

1. **Confessez toute peur en la nommant** : « Je renonce à la peur de [_____] au nom de Jésus. »
2. **Lisez à haute voix le Psaume 27 et Ésaïe 41 tous les jours.**
3. **Adorez jusqu'à ce que la paix remplace la panique.**
4. **Éloignez-vous des médias basés sur la peur : films d'horreur, informations, potins.**
5. **Déclarez chaque jour** : « J'ai l'esprit sain. Je ne suis pas esclave de la peur. »

Demande de groupe – Percée communautaire

- Demandez aux membres du groupe : Quelle peur vous a le plus paralysé ?
- Divisez-vous en petits groupes et dirigez des prières de **renoncement** et **de remplacement** (par exemple, peur → audace, anxiété → confiance).
- Demandez à chaque personne d'écrire une peur et de la brûler comme un acte prophétique.
- Utilisez *l'huile d'onction* et *les confessions bibliques* les uns sur les autres.

Outils du ministère :

- Huile d'onction
- Cartes de déclaration des Écritures
- Chant de louange : « No Longer Slaves » de Bethel

Informations clés

La peur tolérée est **une foi contaminée**.
On ne peut pas être à la fois audacieux et craintif ; choisissez l'audace.

Journal de réflexion

- Quelle peur m'accompagne depuis l'enfance ?
- Comment la peur a-t-elle affecté mes décisions, ma santé ou mes relations ?
- Que ferais-je différemment si j'étais complètement libre ?

Prière pour se libérer de la peur

Père, je renonce à l'esprit de peur. Je ferme toute porte, par le traumatisme, les paroles ou le péché, qui a ouvert la voie à la peur. Je reçois l'Esprit de puissance, d'amour et de sagesse. Je proclame au nom de Jésus l'audace, la paix et la victoire. La peur n'a plus sa place dans ma vie. Amen.

JOUR 14 : MARQUAGES SATANIQUES — EFFACER LA MARQUE IMPIE

« *Que personne désormais ne me fasse de la peine, car je porte sur mon corps les marques du Seigneur Jésus.* » — Galates 6:17

« *Ils mettront mon nom sur les enfants d'Israël, et je les bénirai.* » — Nombres 6:27

De nombreux destins sont *marqués silencieusement* dans le domaine spirituel — non pas par Dieu, mais par l'ennemi.

Ces marques sataniques peuvent prendre la forme de signes corporels étranges, de rêves de tatouages ou de marques, d'abus traumatiques, de rituels sanglants ou d'autels hérités. Certaines sont invisibles – discernables uniquement par la sensibilité spirituelle – tandis que d'autres se manifestent par des signes physiques, des tatouages démoniaques, des marques spirituelles ou des infirmités persistantes.

Lorsqu'une personne est marquée par l'ennemi, elle peut ressentir :

- Rejet constant et haine sans raison.
- Attaques et blocages spirituels répétés.
- Décès prématuré ou crises de santé à certains âges.
- Être suivi dans l'esprit — toujours visible dans l'obscurité.

Ces marques fonctionnent comme *des étiquettes légales*, donnant aux esprits sombres la permission de tourmenter, de retarder ou de surveiller.

Mais le sang de Jésus **purifie** et **renouvelle**.

Expressions globales

- **Afrique** – Marques tribales, coupures rituelles, cicatrices d'initiation occulte.

- **Asie** – Sceaux spirituels, symboles ancestraux, marques karmiques.
- **Amérique latine** – Marques d'initiation de la brujeria (sorcellerie), signes de naissance utilisés dans les rituels.
- **Europe** – Emblèmes de la franc-maçonnerie, tatouages invoquant des guides spirituels.
- **Amérique du Nord** – Symboles New Age, tatouages rituels d'abus, marquage démoniaque par le biais d'alliances occultes.

Histoires vraies – Le pouvoir du changement de marque
David d'Ouganda

David était constamment confronté au rejet. Personne ne pouvait expliquer pourquoi, malgré son talent. En priant, un prophète vit un « X spirituel » sur son front – une marque provenant d'un rituel d'enfance accompli par un prêtre de village. Lors de la délivrance, la marque fut spirituellement effacée par l'huile d'onction et les déclarations du sang de Jésus. Sa vie changea en quelques semaines : il se maria, trouva un emploi et devint animateur de jeunesse.

Sandra du Brésil

Sandra portait un tatouage de dragon datant de son adolescence rebelle. Après avoir donné sa vie au Christ, elle a ressenti d'intenses crises spirituelles chaque fois qu'elle jeûnait ou priait. Son pasteur a décelé que ce tatouage était un symbole démoniaque lié à la surveillance des esprits. Après une séance de repentance, de prière et de guérison intérieure, elle a fait enlever le tatouage et a rompu le lien avec son âme. Ses cauchemars ont immédiatement cessé.

Plan d'action – Effacer la marque

1. **Demandez au Saint-Esprit** de révéler toute marque spirituelle ou physique dans votre vie.
2. **Repentez-** vous de toute implication personnelle ou héritée dans les rituels qui les ont permis.
3. **Appliquez le sang de Jésus** sur votre corps — front, mains, pieds.
4. **Briser les esprits de surveillance, les liens d'âme et les droits légaux** liés aux marques (voir les Écritures ci-dessous).
5. **Supprimez les tatouages physiques ou les objets** (comme indiqué) liés aux alliances sombres.

Demande de groupe – Rebranding en Christ

- Demandez aux membres du groupe : Avez-vous déjà eu une marque ou rêvé d'être marqué ?
- Dirigez une prière de **purification et de reconsécration** au Christ.
- Oignez vos fronts d'huile et déclarez : « *Vous portez désormais la marque du Seigneur Jésus-Christ.* »
- Brisez les esprits de surveillance et reconfigurez leur identité en Christ.

Outils du ministère :

- Huile d'olive (bénie pour l'onction)
- Miroir ou tissu blanc (acte symbolique de lavage)
- Communion (sceller la nouvelle identité

Informations clés

Ce qui est marqué dans l'esprit est **vu dans l'esprit** : enlevez ce que l'ennemi a utilisé pour vous marquer.

Journal de réflexion

- Ai-je déjà vu des marques, des ecchymoses ou des symboles étranges sur mon corps sans explication ?
- Y a-t-il des objets, des piercings ou des tatouages auxquels je dois renoncer ou que je dois retirer ?
- Ai-je pleinement consacré mon corps comme temple du Saint-Esprit ?

Prière de changement de marque

Seigneur Jésus, je renonce à toute marque, alliance et consécration faites dans mon corps ou mon esprit en dehors de ta volonté. Par ton sang, j'efface toute marque satanique. Je déclare être marqué pour Christ seul. Que ton sceau de propriété soit sur moi, et que tout esprit qui me surveille perde ma trace. Je ne suis plus visible aux ténèbres. Je marche libre – au nom de Jésus. Amen.

JOUR 15 : LE ROYAUME DU MIROIR — S'ÉCHAPPER DE LA PRISON DES REFLETS

> *Aujourd'hui nous voyons au moyen d'un miroir, d'une manière obscure ; mais alors ce sera face à face...* » — 1 Corinthiens 13:12
> « *Ils ont des yeux, mais ils ne voient pas, des oreilles, mais ils n'entendent pas...* » — Psaume 115:5-6

Il existe un **royaume des miroirs** dans le monde spirituel – un lieu de *fausses identités*, de manipulation spirituelle et de reflets obscurs. Ce que beaucoup voient en rêve ou en vision peut être des miroirs non pas de Dieu, mais des instruments de tromperie du royaume des ténèbres.

Dans l'occultisme, les miroirs sont utilisés pour **piéger les âmes**, **surveiller les vies** ou **transférer des personnalités**. Lors de certaines séances de délivrance, les personnes racontent se voir « vivre » ailleurs – dans un miroir, sur un écran ou derrière un voile spirituel. Il ne s'agit pas d'hallucinations. Il s'agit souvent de prisons sataniques conçues pour :

- Fragmenter l'âme
- Retarder le destin
- Confondre l'identité
- Héberger des chronologies spirituelles alternatives

Le but ? Créer une *fausse version* de vous-même, vivant sous le contrôle démoniaque, tandis que votre véritable moi vit dans la confusion ou la défaite.

Expressions globales

- **Afrique** – Sorcellerie du miroir utilisée par les sorciers pour surveiller, piéger ou attaquer.

- **Asie** – Les chamans utilisent des bols d'eau ou des pierres polies pour « voir » et invoquer les esprits.
- **Europe** – Rituels du miroir noir, nécromancie par reflets.
- **Amérique latine** – La divination à travers les miroirs d'obsidienne dans les traditions aztèques.
- **Amérique du Nord** – Portails miroirs New Age, observation du miroir pour le voyage astral.

Témoignage — « La fille dans le miroir »
Maria des Philippines

Maria rêvait d'être enfermée dans une pièce remplie de miroirs. À chaque progrès dans la vie, elle voyait une version d'elle-même dans le miroir, la tirant en arrière. Une nuit, lors de sa délivrance, elle a crié et décrit s'être vue « sortir d'un miroir » vers la liberté. Son pasteur a oint ses yeux et l'a guidée vers le renoncement à la manipulation du miroir. Depuis, sa lucidité, son activité professionnelle et sa vie de famille ont changé.

David d'Écosse

, autrefois plongé dans la méditation New Age, pratiquait le « travail de l'ombre miroir ». Avec le temps, il a commencé à entendre des voix et à se voir faire des choses qu'il n'avait jamais prévues. Après avoir accepté Christ, un ministre de la délivrance a rompu les liens de l'âme miroir et a prié pour son esprit. David a déclaré avoir ressenti comme un brouillard qui s'était dissipé pour la première fois depuis des années.

Plan d'action – Briser le sort du miroir

1. **Renoncez** à toute implication connue ou inconnue avec des miroirs utilisés spirituellement.
2. **Couvrez tous les miroirs de votre maison** avec un tissu pendant la prière ou le jeûne (si vous le souhaitez).
3. **Oignez vos yeux et votre front** — déclarez que vous ne voyez désormais que ce que Dieu voit.
4. **Utilisez les Écritures** pour déclarer votre identité en Christ, et non dans une fausse réflexion :
   - *Ésaïe 43:1*
   - *2 Corinthiens 5:17*

- *Jean 8:36*

DEMANDE DE GROUPE – Restauration d'identité

- Demandez : Avez-vous déjà fait des rêves impliquant des miroirs, des doubles ou le fait d'être observé ?
- Dirigez une prière de récupération d'identité — déclarant la liberté des fausses versions de soi.
- Imposez les mains sur les yeux (symboliquement ou en prière) et priez pour la clarté de la vue.
- Utilisez un miroir en groupe pour déclarer prophétiquement : « *Je suis celui que Dieu dit que je suis. Rien d'autre.* »

Outils du ministère :

- Tissu blanc (symboles de couverture)
- Huile d'olive pour l'onction
- Guide de déclaration du miroir prophétique

Informations clés

L'ennemi aime déformer la façon dont vous vous voyez, car votre identité est votre point d'accès au destin.

Journal de réflexion

- Ai-je cru à des mensonges sur qui je suis ?
- Ai-je déjà participé à des rituels de miroir ou autorisé sans le savoir la sorcellerie du miroir ?
- Que dit Dieu à propos de qui je suis ?

Prière de libération du royaume des miroirs

Père céleste , je romps toute alliance avec le monde des miroirs – tout reflet obscur, tout double spirituel et toute fausse ligne temporelle. Je renonce à toute fausse identité. Je déclare être celui que tu prétends être. Par le sang de Jésus, je sors de la prison des reflets et accède à la plénitude de ma mission. Dès aujourd'hui, je vois avec les yeux de l'Esprit – en vérité et en clarté. Au nom de Jésus, Amen.

JOUR 16 : BRISER LE LIEN DES MALÉDICTIONS — RÉCUPÉRER VOTRE NOM, VOTRE AVENIR

« *La mort et la vie sont au pouvoir de la langue...* » — Proverbes 18:21

« *Aucune arme forgée contre toi ne réussira, et toute langue qui s'élève contre toi en jugement, tu la condamneras...* » — Ésaïe 54:17

Les mots ne sont pas que des sons : ce sont **des réceptacles spirituels**, porteurs d'un pouvoir de bénédiction ou de lien. Nombreux sont ceux qui, sans le savoir, vivent sous le **poids des malédictions proférées** contre eux par leurs parents, leurs enseignants, leurs guides spirituels, leurs ex-amants, voire par eux-mêmes.

Certains ont déjà entendu cela :

- « Tu n'arriveras jamais à rien. »
- « Tu es comme ton père : inutile. »
- « Tout ce que vous touchez échoue. »
- « Si je ne peux pas t'avoir, personne ne le fera. »
- « Tu es maudit... regarde et vois. »

De tels mots, prononcés sous le coup de la colère, de la haine ou de la peur – surtout par une personne en position d'autorité – peuvent devenir un piège spirituel. Même des jurons auto-prononcés comme « *J'aurais préféré ne jamais naître* » ou « *Je ne me marierai jamais* » peuvent donner à l'ennemi un fondement juridique.

Expressions globales

- **Afrique** – Malédictions tribales, malédictions parentales liées à la rébellion, malédictions du marché.

- **Asie** – Déclarations de paroles basées sur le karma, vœux ancestraux prononcés sur les enfants.
- **Amérique latine** – Malédictions de brujeria (sorcellerie) activées par la parole.
- **Europe** – Sorts prononcés, « prophéties » familiales qui s'auto-réalisent.
- **Amérique du Nord** – Violences verbales, chants occultes, affirmations de haine de soi.

Qu'elles soient chuchotées ou criées, les malédictions prononcées avec émotion et croyance ont du poids dans l'esprit.

Témoignage — « Quand ma mère parlait de mort »
Keisha (Jamaïque)

Keisha a grandi en entendant sa mère lui dire : « *Tu es la cause de ma vie ruinée.* » À chaque anniversaire, un malheur lui arrivait. À 21 ans, elle a tenté de se suicider, convaincue que sa vie n'avait aucune valeur. Lors d'une cérémonie de délivrance, le pasteur lui a demandé : « *Qui a prononcé la mort sur ta vie ?* » Elle s'est effondrée. Après avoir renoncé à ces paroles et abandonné le pardon, elle a enfin connu la joie. Aujourd'hui, elle enseigne aux jeunes filles à prononcer la vie sur elles-mêmes.

Andrei (Roumanie)

Le professeur d'Andrei lui a dit un jour : « *Tu finiras en prison ou mort avant 25 ans.* » Cette phrase l'a hanté. Il a sombré dans la criminalité et, à 24 ans, a été arrêté. En prison, il a rencontré le Christ et a pris conscience de la malédiction qu'il avait acceptée. Il a écrit une lettre de pardon à son professeur, a déchiré tous les mensonges proférés contre lui et a commencé à proclamer les promesses de Dieu. Il dirige aujourd'hui un ministère d'évangélisation en prison.

Plan d'action – Inverser la malédiction

1. Notez les déclarations négatives prononcées à votre encontre, par d'autres ou par vous-même.
2. Dans la prière, **renoncez à tout mot de malédiction** (prononcez-le à voix haute).
3. **Accordez votre pardon** à la personne qui l'a prononcé.
4. **Dites la vérité de Dieu** sur vous-même pour remplacer la

malédiction par la bénédiction :
- *Jérémie 29:11*
- *Deutéronome 28:13*
- *Romains 8:37*
- *Psaume 139:14*

Candidature de groupe – Le pouvoir des mots

- Demandez : Quelles déclarations ont façonné votre identité — bonnes ou mauvaises ?
- En groupe, prononcez les malédictions à voix haute (avec sensibilité) et dites des bénédictions à la place.
- Utilisez des cartes d'Écritures : chaque personne lit à haute voix 3 vérités sur son identité.
- *décret de bénédiction* de 7 jours sur eux-mêmes.

Outils du ministère :

- Cartes flash avec identité biblique
- Huile d'olive pour oindre les bouches (parole sanctifiante)
- Déclarations miroir — dites la vérité sur votre reflet quotidiennement

Informations clés

Si une malédiction a été prononcée, elle peut être brisée et une nouvelle parole de vie peut être prononcée à sa place.

Journal de réflexion

- Quelles paroles ont façonné mon identité ?
- Est-ce que je me suis maudit par la peur, la colère ou la honte ?
- Que dit Dieu à propos de mon avenir ?

Prière pour briser les malédictions

Seigneur Jésus, je renonce à toute malédiction prononcée sur ma vie – par ma famille, mes amis, mes professeurs, mes amants et même moi-même. Je pardonne à toute voix qui a proclamé l'échec, le rejet ou la mort. Je brise le pouvoir de ces paroles maintenant, au nom de Jésus. Je proclame bénédiction, faveur et destinée sur ma vie. Je suis celui que tu dis : aimé, choisi, guéri et libre. Au nom de Jésus. Amen.

JOUR 17 : DÉLIVRANCE DU CONTRÔLE ET DE LA MANIPULATION

« *La sorcellerie ne se résume pas toujours à des robes et des chaudrons, parfois à des mots, des émotions et des laisses invisibles.* »

« **Car la rébellion est aussi coupable que la divination, et l'obstination aussi coupable que l'iniquité et l'idolâtrie.** »
— *1 Samuel 15:23*

La sorcellerie ne se rencontre pas seulement dans les sanctuaires. Elle arbore souvent un sourire et manipule par la culpabilité, les menaces, la flatterie ou la peur. La Bible assimile la rébellion – en particulier celle qui exerce un contrôle impie sur autrui – à la sorcellerie. Chaque fois que nous exerçons une pression émotionnelle, psychologique ou spirituelle pour dominer la volonté d'autrui, nous évoluons en terrain dangereux.

Manifestations mondiales

- **Afrique** – Des mères maudissant leurs enfants avec colère, des amants ligotant les autres avec du « juju » ou des philtres d'amour, des chefs spirituels intimidant leurs disciples.
- **Asie** – Contrôle du gourou sur les disciples, chantage parental dans les mariages arrangés, manipulations du cordon énergétique.
- **Europe** – Les serments maçonniques contrôlant le comportement générationnel, la culpabilité religieuse et la domination.
- **Amérique latine** – Brujería (sorcellerie) utilisée pour garder les partenaires, chantage émotionnel enraciné dans les malédictions familiales.
- **Amérique du Nord** – Parentalité narcissique, leadership manipulateur masqué sous une « couverture spirituelle », prophétie fondée sur la peur.

La voix de la sorcellerie murmure souvent : « *Si tu ne fais pas cela, tu me perdras, tu perdras la faveur de Dieu ou tu souffriras.* »

Mais le véritable amour ne manipule jamais. La voix de Dieu apporte toujours paix, clarté et liberté de choix.

Histoire vraie — Briser la laisse invisible

Grace, originaire du Canada, était profondément impliquée dans un ministère prophétique où le chef commençait à lui dicter avec qui elle pouvait sortir, où elle pouvait vivre et même comment prier. Au début, cela lui semblait spirituel, mais avec le temps, elle s'est sentie prisonnière de ses opinions. Chaque fois qu'elle essayait de prendre une décision indépendante, on lui disait qu'elle se « rebellait contre Dieu ». Après une dépression nerveuse et la lecture *de Greater Exploits 14*, elle a compris qu'il s'agissait de sorcellerie charismatique : un contrôle déguisé en prophétie.

Grace a renoncé à son lien d'âme avec son guide spirituel, s'est repentie d'avoir accepté la manipulation et a rejoint une communauté locale pour se ressourcer. Aujourd'hui, elle est guérie et aide d'autres personnes à se libérer des abus religieux.

Plan d'action — Discerner la sorcellerie dans les relations

1. Demandez-vous : *est-ce que je me sens libre avec cette personne ou est-ce que j'ai peur de la décevoir ?*
2. Énumérez les relations dans lesquelles la culpabilité, les menaces ou la flatterie sont utilisées comme outils de contrôle.
3. Renoncez à tout lien émotionnel, spirituel ou spirituel qui vous fait vous sentir dominé ou sans voix.
4. Priez à haute voix pour briser toute laisse manipulatrice dans votre vie.

Outils d'écriture

- **1 Samuel 15:23** – Rébellion et sorcellerie
- **Galates 5:1** – « Tenez bon… ne vous laissez pas de nouveau mettre sous le joug de l'esclavage. »
- **2 Corinthiens 3:17** – « Là où est l'Esprit du Seigneur, là est la liberté. »

- **Michée 3:5–7** – Faux prophètes recourant à l'intimidation et à la corruption

Discussion de groupe et application

- Partagez (de manière anonyme si nécessaire) un moment où vous vous êtes senti manipulé spirituellement ou émotionnellement.
- Jouez une prière de « vérité » — libérez le contrôle sur les autres et reprenez votre volonté.
- Demandez aux membres d'écrire des lettres (réelles ou symboliques) rompant les liens avec les figures dominantes et déclarant la liberté en Christ.

Outils du ministère :

- Partenaires de délivrance en couple.
- Utilisez l'huile d'onction pour déclarer la liberté sur l'esprit et la volonté.
- Utilisez la communion pour rétablir l'alliance avec Christ comme *seule véritable couverture* .

Informations clés

Là où la manipulation règne, la sorcellerie prospère. Mais là où réside l'Esprit de Dieu, règne la liberté.

Journal de réflexion

- À qui ou à quoi ai-je permis de contrôler ma voix, ma volonté ou ma direction ?
- Ai-je déjà utilisé la peur ou la flatterie pour obtenir ce que je veux ?
- Quelles mesures vais-je prendre aujourd'hui pour marcher dans la liberté du Christ ?

Prière de délivrance

Père céleste, je renonce à toute forme de manipulation émotionnelle, spirituelle et psychologique opérant en moi ou autour de moi. Je coupe tout lien d'âme ancré dans la peur, la culpabilité et le contrôle. Je me libère de la rébellion, de la domination et de l'intimidation. Je déclare que je suis guidé par ton Esprit seul. Je reçois la grâce de marcher dans l'amour, la vérité et la liberté. Au nom de Jésus. Amen.

JOUR 18 : BRISER LE POUVOIR DU MANQUE DE PARDON ET DE L'AMERTUME

« *Ne pas pardonner, c'est comme boire du poison et s'attendre à ce que l'autre personne meure.* »

« **Veillez à ce qu'aucune racine amère ne pousse, ne cause du trouble et ne souille plusieurs personnes.** »

— *Hébreux 12:15*

L'amertume est un destructeur silencieux. Elle peut naître d'une blessure – une trahison, un mensonge, une perte – mais, laissée sans contrôle, elle s'envenime jusqu'au manque de pardon, et finalement, prend racine et empoisonne tout.

Le manque de pardon ouvre la porte aux esprits tourmentés (Matthieu 18:34). Il obscurcit le discernement, entrave la guérison, étouffe vos prières et bloque le flux de la puissance divine.

La délivrance ne consiste pas seulement à chasser les démons, mais à libérer ce que vous avez gardé à l'intérieur.

EXPRESSIONS MONDIALES de l'amertume

- **Afrique** – Guerres tribales, violences politiques et trahisons familiales transmises de génération en génération.
- **Asie** – Déshonneur entre parents et enfants, blessures liées aux castes, trahisons religieuses.
- **Europe** – Silence générationnel face aux abus, amertume face au divorce ou à l'infidélité.
- **Amérique latine** – Blessures causées par des institutions corrompues,

rejets familiaux, manipulation spirituelle.
- **Amérique du Nord** – Église blessée, traumatisme racial, pères absents, injustice au travail.

L'amertume ne crie pas toujours. Parfois, elle murmure : « Je n'oublierai jamais ce qu'ils ont fait. »

Mais Dieu dit : *Laissez tomber, non pas parce qu'ils le méritent, mais parce que **vous** le méritez.*

Histoire vraie — La femme qui ne voulait pas pardonner

Maria, originaire du Brésil, avait 45 ans lorsqu'elle est venue pour la première fois en délivrance. Chaque nuit, elle rêvait d'être étranglée. Elle souffrait d'ulcères, d'hypertension et de dépression. Au cours de la séance, il a été révélé qu'elle nourrissait de la haine envers son père, qui l'avait maltraitée enfant et avait ensuite abandonné sa famille.

Elle était devenue chrétienne, mais ne lui avait jamais pardonné.

Alors qu'elle pleurait et le laissait aller devant Dieu, son corps se convulsa – quelque chose se brisa. Cette nuit-là, elle dormit paisiblement pour la première fois depuis 20 ans. Deux mois plus tard, sa santé commença à s'améliorer considérablement. Elle partage aujourd'hui son histoire en tant que coach de guérison pour femmes.

Plan d'action — Arracher la racine amère

1. **Nommez-le** – Écrivez les noms de ceux qui vous ont blessé – même vous-même ou Dieu (si vous avez été secrètement en colère contre Lui).
2. **Libérez-le** – Dites à voix haute : « *Je choisis de pardonner à [nom] pour [offense spécifique]. Je le/la libère et me libère.* »
3. **Brûlez-le** – Si cela est possible en toute sécurité, brûlez ou déchiquetez le papier comme un acte prophétique de libération.
4. **Priez** pour que ceux qui vous ont fait du tort soient bénis, même si vos émotions résistent. C'est un combat spirituel.

Outils d'écriture

- *Matthieu 18:21–35* – La parabole du serviteur impitoyable

- *Hébreux 12:15* – Les racines amères souillent beaucoup de gens
- *Marc 11:25* – Pardonnez, afin que vos prières ne soient pas entravées
- *Romains 12:19–21* – Laissez la vengeance à Dieu

DEMANDE DE GROUPE ET ministère

- Demandez à chaque personne (en privé ou par écrit) de nommer une personne à laquelle elle a du mal à pardonner.
- Divisez-vous en équipes de prière pour parcourir le processus de pardon en utilisant la prière ci-dessous.
- Dirigez une « cérémonie de brûlage » prophétique où les offenses écrites sont détruites et remplacées par des déclarations de guérison.

Outils du ministère :

- Cartes de déclaration de pardon
- Musique instrumentale douce ou culte profond
- Huile de joie (pour l'onction après la libération)

Informations clés

Le manque de pardon est une porte que l'ennemi exploite. Le pardon est une épée qui coupe le cordon de l'esclavage.

Journal de réflexion

- À qui dois-je pardonner aujourd'hui ?
- Est-ce que je me suis pardonné ou est-ce que je me punis pour mes erreurs passées ?
- Est-ce que je crois que Dieu peut restaurer ce que j'ai perdu par trahison ou par offense ?

Prière de libération

Seigneur Jésus, je viens devant Toi avec ma douleur, ma colère et mes souvenirs. Je choisis aujourd'hui, par la foi, de pardonner à tous ceux qui m'ont blessé, maltraité, trahi ou rejeté. Je les laisse partir. Je les libère du jugement et je me libère de l'amertume. Je Te demande de guérir chaque blessure et de me remplir de Ta paix. Au nom de Jésus. Amen.

JOUR 19 : GUÉRISON DE LA HONTE ET DE LA CONDAMNATION

La honte dit : "Je suis mauvais." La condamnation dit : "Je ne serai jamais libre." Mais Jésus dit : "Tu es à moi, et je t'ai créé nouveau."

« **Ceux qui se tournent vers lui sont rayonnants ; leur visage n'est jamais couvert de honte.** »

— *Psaume 34:5*

La honte n'est pas seulement un sentiment, c'est une stratégie de l'ennemi. C'est le manteau qu'il enroule autour de ceux qui sont tombés, ont échoué ou ont été violés. Elle dit : « Tu ne peux pas t'approcher de Dieu. Tu es trop sale. Trop abîmé. Trop coupable. »

Mais la condamnation est un **mensonge**, car en Christ, **il n'y a pas de condamnation** (Romains 8:1).

Beaucoup de personnes en quête de délivrance restent bloquées, car elles se croient **indignes de la liberté**. Elles portent la culpabilité comme un insigne et ressasse leurs pires erreurs comme un disque rayé.

Jésus n'a pas seulement payé pour vos péchés, il a payé pour votre honte.

Visages mondiaux de la honte

- **Afrique** – Tabous culturels autour du viol, de la stérilité, de l'absence d'enfants ou de l'échec du mariage.
- **Asie** – Honte fondée sur le déshonneur, due aux attentes familiales ou à la défection religieuse.
- **Amérique latine** – Culpabilité liée aux avortements, à l'implication dans l'occultisme ou à la disgrâce familiale.
- **Europe** – Honte cachée due à des péchés secrets, des abus ou des problèmes de santé mentale.
- **Amérique du Nord** – Honte liée à la dépendance, au divorce, à la

pornographie ou à la confusion d'identité.

La honte prospère dans le silence, mais elle meurt à la lumière de l'amour de Dieu.

Histoire vraie — Un nouveau nom après l'avortement

Jasmine, une Américaine, a subi trois avortements avant de se convertir au Christ. Bien que sauvée, elle ne parvenait pas à se pardonner. Chaque fête des Mères lui semblait une malédiction. Lorsqu'on parlait d'enfants ou de parentalité, elle se sentait invisible – et pire encore, indigne.

Lors d'une retraite pour femmes, elle entendit un message sur Ésaïe 61 : « Au lieu de la honte, une double portion. » Elle pleura. Cette nuit-là, elle écrivit des lettres à ses enfants à naître, se repentit à nouveau devant le Seigneur et reçut une vision de Jésus lui donnant de nouveaux noms : « *Bien-aimée* », « *Mère* », « *Rétablie* ».

Elle s'occupe désormais des femmes ayant subi un avortement et les aide à retrouver leur identité en Christ.

Plan d'action — Sortez de l'ombre

1. **Nommez la honte** – Notez ce que vous avez caché ou ce dont vous vous sentez coupable.
2. **Avouez le mensonge** – Écrivez les accusations auxquelles vous avez cru (par exemple, « Je suis sale », « Je suis disqualifié »).
3. **Remplacez par la vérité** – Déclarez à haute voix la Parole de Dieu sur vous-même (voir les Écritures ci-dessous).
4. **Action prophétique** – Écrivez le mot « HONTE » sur un morceau de papier, puis déchirez-le ou brûlez-le. Déclarez : « *Je ne suis plus lié par cela !* »

Outils d'écriture

- *Romains 8:1–2* – Aucune condamnation en Christ
- *Ésaïe 61:7* – Double portion pour la honte
- *Psaume 34:5* – Rayonnement en sa présence
- *Hébreux 4:16* – Un accès sûr au trône de Dieu
- *Sophonie 3:19–20* – Dieu ôte la honte parmi les nations

Demande de groupe et ministère

- Invitez les participants à écrire des déclarations de honte anonymes (par exemple, « J'ai eu un avortement », « J'ai été victime de maltraitance », « J'ai commis une fraude ») et à les placer dans une boîte scellée.
- Lisez Ésaïe 61 à haute voix, puis dirigez une prière pour l'échange : le deuil pour la joie, les cendres pour la beauté, la honte pour l'honneur.
- Jouez de la musique de culte qui met l'accent sur l'identité en Christ.
- Prononcez des paroles prophétiques sur les personnes qui sont prêtes à lâcher prise.

Outils du ministère :

- Cartes de déclaration d'identité
- Huile d'onction
- Playlist de louange avec des chansons comme « You Say » (Lauren Daigle), « No Longer Slaves » ou « Who You Say I Am »

Informations clés

La honte est une voleuse. Elle vole votre voix, votre joie et votre autorité. Jésus n'a pas seulement pardonné vos péchés ; il a dépouillé la honte de son pouvoir.

Journal de réflexion

- Quel est le premier souvenir de honte dont je me souviens ?
- Quel mensonge ai-je cru à mon sujet ?
- Suis-je prêt à me voir comme Dieu me voit : propre, radieux et choisi ?

Prière de guérison

Seigneur Jésus, je t'apporte ma honte, ma douleur cachée et toute voix de condamnation. Je me repens d'avoir accepté les mensonges de l'ennemi sur qui je suis. Je choisis de croire ce que tu dis : je suis pardonné, aimé et renouvelé. Je reçois ta robe de justice et j'entre dans la liberté. Je quitte la honte et entre dans ta gloire. Au nom de Jésus. Amen.

JOUR 20 : SORCELLERIE DOMESTIQUE — QUAND LES TÉNÈBRES VIT SOUS LE MÊME TOIT

« *Tous les ennemis ne sont pas à l'extérieur. Certains portent des visages familiers.* »

« **Les ennemis d'un homme seront les gens de sa propre maison.** »
— *Matthieu 10:36*

Certaines des batailles spirituelles les plus féroces ne se déroulent pas dans les forêts ou les sanctuaires, mais dans les chambres, les cuisines et les autels familiaux.

La sorcellerie domestique fait référence aux opérations démoniaques qui proviennent de l'intérieur de la famille — parents, conjoints, frères et sœurs, personnel de maison ou parents élargis — par l'envie, la pratique occulte, les autels ancestraux ou la manipulation spirituelle directe.

La délivrance devient complexe lorsque les personnes impliquées sont **celles que nous aimons ou avec lesquelles nous vivons.**

Exemples mondiaux de sorcellerie domestique

- **Afrique** – Une belle-mère jalouse envoie des malédictions à travers la nourriture ; un frère invoque des esprits contre un frère plus prospère.
- **Inde et Népal** – Les mères consacrent leurs enfants aux divinités dès la naissance ; les autels domestiques sont utilisés pour contrôler les destins.
- **Amérique latine** – Brujeria ou Santeria pratiquée en secret par des proches pour manipuler les conjoints ou les enfants.
- **Europe** – Franc-maçonnerie cachée ou serments occultes dans les lignées familiales ; traditions psychiques ou spiritualistes transmises.
- **Amérique du Nord** – Les parents wiccans ou new age « bénissent »

leurs enfants avec des cristaux, un nettoyage énergétique ou du tarot.

Ces pouvoirs peuvent se cacher derrière l'affection familiale, mais leur objectif est le contrôle, la stagnation, la maladie et l'esclavage spirituel.

Histoire vraie — Mon père, le prophète du village

Une femme d'Afrique de l'Ouest a grandi dans un foyer où son père était un prophète de village très respecté. Pour les étrangers, il était un guide spirituel. En secret, il enfouissait des charmes dans la propriété et accomplissait des sacrifices pour les familles en quête de faveurs ou de vengeance.

D'étranges schémas ont émergé dans sa vie : cauchemars répétés, relations ratées et maladies inexplicables. Lorsqu'elle a donné sa vie au Christ, son père s'est retourné contre elle, déclarant qu'elle ne réussirait jamais sans son aide. Sa vie a basculé pendant des années.

Après des mois de prières nocturnes et de jeûne, le Saint-Esprit la poussa à renoncer à tout lien d'âme avec le manteau occulte de son père. Elle enfouit des écritures dans ses murs, brûla de vieux symboles et oignit son seuil quotidiennement. Peu à peu, des progrès furent accomplis : sa santé recouvra, ses rêves s'éclaircirent et elle se maria enfin. Elle aide désormais d'autres femmes confrontées aux autels domestiques.

Plan d'action — Confronter l'esprit familier

1. **Discernez sans déshonneur** – Demandez à Dieu de révéler des pouvoirs cachés sans haine.
2. **Rompre les accords spirituels** – Renoncez à tout lien spirituel établi par le biais de rituels, d'autels ou de serments prononcés.
3. **Spirituellement séparé** – Même si vous vivez dans la même maison, vous pouvez vous **déconnecter spirituellement** par la prière.
4. **Sanctifiez votre espace** – Oignez chaque pièce, objet et seuil avec de l'huile et des Écritures.

Outils d'écriture

- *Michée 7:5–7* – Ne vous fiez pas à votre prochain
- *Psaume 27:10* – « Si mon père et ma mère m'abandonnent... »
- *Luc 14:26* – Aimer le Christ plus que sa famille

- *2 Rois 11:1-3* – Délivrance cachée d'une reine mère meurtrière
- *Ésaïe 54:17* – Aucune arme forgée ne prospérera

Demande de groupe

- Partagez des expériences où l'opposition est venue de l'intérieur de la famille.
- Priez pour la sagesse, l'audace et l'amour face à la résistance du foyer.
- Dirigez une prière de renonciation à chaque lien d'âme ou à chaque malédiction prononcée par des proches.

Outils du ministère :

- Huile d'onction
- Déclarations de pardon
- Prières de libération de l'alliance
- Couverture de prière du Psaume 91

Informations clés

La lignée peut être une bénédiction ou un champ de bataille. Vous êtes appelé à la racheter, et non à vous laisser dominer par elle.

Journal de réflexion

- Ai-je déjà rencontré une résistance spirituelle de la part d'un proche ?
- Y a-t-il quelqu'un que je dois pardonner, même s'il pratique encore la sorcellerie ?
- Suis-je prêt à être mis à part, même si cela coûte des relations ?

Prière de séparation et de protection

Père, je reconnais que la plus grande opposition peut venir de mes proches. Je pardonne à chaque membre de ma famille qui, consciemment ou non, œuvre contre ma destinée. Je brise tout lien d'âme, toute malédiction et toute alliance conclue au sein de ma lignée familiale qui ne s'accorde pas avec ton Royaume. Par le sang de Jésus, je sanctifie mon foyer et déclare : moi et ma maison, nous servirons le Seigneur. Amen.

JOUR 21 : L'ESPRIT DE JÉZABEL — SÉDUCTION, CONTRÔLE ET MANIPULATION RELIGIEUSE

« *Mais j'ai ceci contre toi : tu laisses faire cette femme Jézabel, qui se dit prophétesse. Par son enseignement, elle égare...* » — Apocalypse 2:20

« *Sa fin viendra subitement, sans remède.* » — Proverbes 6:15

Certains esprits crient de l'extérieur.

Jézabel murmure de l'intérieur.

Elle ne se contente pas de tenter : elle **usurpe, manipule et corrompt**, détruisant des ministères, étouffant des mariages et séduisant des nations par la rébellion.

Qu'est-ce que l'esprit de Jézabel ?

L'esprit de Jézabel :

- Imite la prophétie pour tromper
- Utilise le charme et la séduction pour contrôler
- Déteste la véritable autorité et fait taire les prophètes
- Masquer l'orgueil derrière une fausse humilité
- S'attache souvent aux dirigeants ou à leurs proches

Cet esprit peut opérer à travers **les hommes ou les femmes**, et il prospère là où le pouvoir incontrôlé, l'ambition ou le rejet ne sont pas guéris.

Manifestations mondiales

- **Afrique** – De fausses prophétesses qui manipulent les autels et exigent la loyauté avec peur.
- **Asie** – Des mystiques religieux mêlant séduction et visions pour dominer les cercles spirituels.

- **Europe** – Les cultes des déesses antiques sont ravivés dans les pratiques New Age sous le nom d'empowerment.
- **Amérique latine** – Les prêtresses de la Santeria exercent un contrôle sur les familles par le biais de « conseils spirituels ».
- **Amérique du Nord** – Des influenceurs des médias sociaux font la promotion de la « féminité divine » tout en se moquant de la soumission, de l'autorité ou de la pureté bibliques.

Histoire vraie : *La Jézabel assise sur l'autel*

Dans un pays des Caraïbes, une église enflammée par Dieu a commencé à s'éteindre – lentement, subtilement. Le groupe d'intercession qui se réunissait autrefois pour les prières de minuit a commencé à se disperser. Le ministère de la jeunesse a sombré dans le scandale. Les mariages ont commencé à échouer, et le pasteur, autrefois ardent, est devenu indécis et spirituellement las.

Au cœur de tout cela se trouvait une femme : **Sœur R.** Belle, charismatique et généreuse, elle était admirée de tous. Elle avait toujours une « parole du Seigneur » et rêvait du destin de chacun. Elle donnait généreusement aux projets de l'église et s'était taillé une place auprès du pasteur.

En coulisses, elle a subtilement **calomnié d'autres femmes**, séduit un pasteur subalterne et semé la division. Elle s'est positionnée comme une autorité spirituelle tout en sapant discrètement le leadership réel.

Une nuit, une adolescente de l'église fit un rêve saisissant : elle vit un serpent enroulé sous la chaire, chuchotant dans le microphone. Terrifiée, elle le raconta à sa mère, qui l'apporta au pasteur.

Les dirigeants décidèrent d'observer un **jeûne de trois jours** pour rechercher la direction divine. Le troisième jour, lors d'une séance de prière, Sœur R commença à manifester de violentes manifestations. Elle siffla, hurla et accusa les autres de sorcellerie. Une puissante délivrance s'ensuivit, et elle confessa : elle avait été initiée à un ordre spirituel à la fin de son adolescence, avec pour mission **d'infiltrer les églises pour « voler leur feu »**.

Elle avait déjà fréquenté **cinq églises** avant celle-ci. Son arme n'était pas bruyante : c'était **la flatterie, la séduction, le contrôle émotionnel** et la manipulation prophétique.

Aujourd'hui, cette église a reconstruit son autel. La chaire a été reconsacrée. Et cette jeune adolescente ? C'est désormais une évangéliste passionnée qui dirige un mouvement de prière pour les femmes.

Plan d'action — Comment affronter Jézabel

1. **Repentez-vous** de toute façon dont vous avez coopéré avec la manipulation, le contrôle sexuel ou l'orgueil spirituel.
2. **Discernez** les traits de Jézabel : flatterie, rébellion, séduction, fausse prophétie.
3. **Brisez les liens d'âme** et les alliances impies dans la prière, en particulier avec quiconque vous éloigne de la voix de Dieu.
4. **Déclarez votre autorité** en Christ. Jézabel craint ceux qui savent qui ils sont.

Arsenal des Écritures :

- 1 Rois 18–21 – Jézabel contre Élie
- Apocalypse 2:18–29 – L'avertissement du Christ à Thyatire
- Proverbes 6:16–19 – Ce que Dieu déteste
- Galates 5:19–21 – Les œuvres de la chair

Demande de groupe

- Discussion : Avez-vous déjà été témoin d'une manipulation spirituelle ? Comment s'est-elle maquillée ?
- En tant que groupe, déclarez une politique de « tolérance zéro » envers Jézabel — dans l'église, à la maison ou au sein de la direction.
- Si nécessaire, faites une **prière de délivrance** ou jeûnez pour briser son influence.
- Rededéz tout ministère ou autel qui a été compromis.

Outils du ministère :
Utiliser de l'huile d'onction. Créer un espace pour la confession et le pardon. Chanter des chants de louange qui proclament la **seigneurie de Jésus.**

Informations clés

Jézabel prospère là où **le discernement est faible** et **la tolérance élevée**. Son règne prend fin lorsque l'autorité spirituelle s'éveille.

Journal de réflexion

- Ai-je laissé la manipulation me guider ?
- Y a-t-il des personnes ou des influences que j'ai élevées au-dessus de la voix de Dieu ?
- Ai-je fait taire ma voix prophétique par peur ou par contrôle ?

Prière de délivrance

Seigneur Jésus, je renonce à toute alliance avec l'esprit de Jézabel. Je rejette la séduction, le contrôle, les fausses prophéties et la manipulation. Purifie mon cœur de l'orgueil, de la peur et du compromis. Je reprends mon autorité. Que chaque autel que Jézabel a construit dans ma vie soit démoli. Je t'intronise, Jésus, comme Seigneur de mes relations, de mon appel et de mon ministère. Remplis-moi de discernement et d'audace. En ton nom. Amen.

JOUR 22 : PYTHONS ET PRIÈRES — BRISER L'ESPRIT DE CONSTRICTION

« *Un jour, alors que nous allions au lieu de prière, nous rencontrâmes une servante possédée par un esprit de Python...* » — Actes 16:16

« *Tu marcheras sur le lion et sur la vipère...* » — Psaume 91:13

Il existe un esprit qui ne mord pas, il **comprime**.

Il étouffe votre feu. Il s'enroule autour de votre vie de prière, de votre respiration, de votre adoration, de votre discipline, jusqu'à ce que vous commenciez à abandonner ce qui vous donnait autrefois de la force.

C'est l'esprit de **Python** — une force démoniaque qui **restreint la croissance spirituelle, retarde le destin, étrangle la prière et contrefait la prophétie**.

Manifestations mondiales

- **Afrique** – L'esprit python apparaît comme un faux pouvoir prophétique, opérant dans les sanctuaires marins et forestiers.
- **Asie** – Esprits serpents vénérés comme des divinités qui doivent être nourries ou apaisées.
- **Amérique latine** – Autels serpentins de la Santeria utilisés pour la richesse, la luxure et le pouvoir.
- **Europe** – Symboles du serpent dans la sorcellerie, la voyance et les cercles psychiques.
- **Amérique du Nord** – De fausses voix « prophétiques » enracinées dans la rébellion et la confusion spirituelle.

Témoignage : *La fille qui ne pouvait pas respirer*

Marisol, originaire de Colombie, a commencé à être essoufflée chaque fois qu'elle s'agenouillait pour prier. Sa poitrine se serrait. Ses rêves étaient remplis d'images de serpents, s'enroulant autour de son cou ou se reposant sous son lit. Les médecins n'ont rien trouvé d'anormal.

Un jour, sa grand-mère lui avoua que Marisol avait été « dédiée » enfant à un esprit de la montagne connu sous la forme d'un serpent. C'était un « **esprit protecteur** », mais cela avait un prix.

Lors d'une réunion de délivrance, Marisol s'est mise à hurler violemment lorsqu'on lui a imposé les mains. Elle a senti quelque chose bouger dans son ventre, remonter dans sa poitrine, puis sortir de sa bouche comme de l'air expulsé.

Après cette rencontre, l'essoufflement prit fin. Ses rêves changèrent. Elle commença à diriger des réunions de prière – ce que l'ennemi avait autrefois tenté de lui arracher.

Signes indiquant que vous êtes peut-être sous l'influence de l'esprit Python

- Fatigue et lourdeur à chaque fois que vous essayez de prier ou d'adorer
- Confusion prophétique ou rêves trompeurs
- Sensation constante d'être étouffé, bloqué ou lié
- Dépression ou désespoir sans cause claire
- Perte de désir ou de motivation spirituelle

Plan d'action – Briser la restriction

1. **Repentez-vous** de toute implication occulte, psychique ou ancestrale.
2. **Déclarez que votre corps et votre esprit appartiennent à Dieu seul.**
3. **Jeûne et guerre** en utilisant Ésaïe 27:1 et Psaume 91:13.
4. **Oignez votre gorge, votre poitrine et vos pieds**, revendiquant la liberté de parler, de respirer et de marcher dans la vérité.

Écritures sur la délivrance :

- Actes 16:16–18 – Paul chasse l'esprit du python
- Ésaïe 27:1 – Dieu punit Léviathan, le serpent fuyard
- Psaume 91 – Protection et autorité

- Luc 10:19 – Pouvoir de piétiner les serpents et les scorpions

DEMANDE DE GROUPE

- Demandez-vous : Qu'est-ce qui étouffe notre vie de prière – personnellement et collectivement ?
- Dirigez une prière de respiration de groupe — en déclarant le **souffle de Dieu** (Ruach) sur chaque membre.
- Brisez toute fausse influence prophétique ou pression semblable à celle d'un serpent dans l'adoration et l'intercession.

Outils du ministère : Culte avec des flûtes ou des instruments à respiration, coupe symbolique de cordes, foulards de prière pour respirer la liberté.

Informations clés

L'esprit du Python étouffe ce que Dieu veut faire naître. Il faut l'affronter pour retrouver souffle et audace.

Journal de réflexion

- Quand ai-je ressenti pour la dernière fois une totale liberté dans la prière ?
- Y a-t-il des signes de fatigue spirituelle que j'ai ignorés ?
- Ai-je accepté sans le savoir des « conseils spirituels » qui ont apporté davantage de confusion ?

Prière de délivrance

Père, au nom de Jésus, je brise tout esprit oppresseur destiné à étouffer mon dessein. Je renonce à l'esprit du python et à toutes les fausses voix prophétiques. Je reçois le souffle de ton Esprit et déclare : je respirerai librement, je prierai avec assurance et je marcherai dans l'intégrité. Tout serpent qui entoure ma vie est retranché et chassé. Je reçois la délivrance maintenant. Amen.

JOUR 23 : TRÔNES D'INIQUITÉ — DÉMONTAGE DES BASTIONS TERRITORIALES

« *Le trône d'iniquité, qui médite le mal par la loi, aurait-il communion avec toi ?* » — Psaume 94:20

« *Nous n'avons pas à lutter contre la chair et le sang, mais contre... les princes des ténèbres...* » — Éphésiens 6:12

Il existe **des trônes invisibles** — établis dans les villes, les nations, les familles et les systèmes — où les puissances démoniaques **règnent légalement** par le biais d'alliances, de législation, d'idolâtrie et de rébellion prolongée.

Il ne s'agit pas d'attaques aléatoires. Il s'agit **d'autorités intronisées**, profondément ancrées dans des structures qui perpétuent le mal de génération en génération.

Tant que ces trônes ne seront **pas démantelés spirituellement**, les cycles d'obscurité persisteront, peu importe la quantité de prières offertes au niveau superficiel.

Bastions et trônes mondiaux

- **Afrique** – Trônes de sorcellerie dans les lignées royales et les conseils traditionnels.
- **Europe** – Trônes de la laïcité, de la franc-maçonnerie et de la rébellion légalisée.
- **Asie** – Trônes d'idolâtrie dans les temples ancestraux et les dynasties politiques.
- **Amérique latine** – Trônes du narco-terrorisme, des sectes de la mort et de la corruption.
- **Amérique du Nord** – Trônes de la perversion, de l'avortement et de l'oppression raciale.

Ces trônes influencent les décisions, suppriment la vérité et **dévorent les destins**.

Témoignage : *Délivrance d'un conseiller municipal*

Dans une ville d'Afrique australe, un conseiller chrétien nouvellement élu a découvert que tous les élus avant lui étaient devenus fous, avaient divorcé ou étaient décédés subitement.

Après des jours de prière, le Seigneur révéla un **trône de sacrifice sanglant** enterré sous le bâtiment municipal. Un voyant local y avait depuis longtemps placé des charmes dans le cadre d'une revendication territoriale.

Le conseiller a rassemblé des intercesseurs, a jeûné et a célébré un culte à minuit dans la salle du conseil. Pendant trois nuits, des membres du personnel ont signalé d'étranges cris dans les murs et des oscillations de courant.

En une semaine, les aveux commencèrent. Des contrats corrompus furent révélés et, en quelques mois, les services publics s'améliorèrent. Le trône était tombé.

Plan d'action – Détrôner les ténèbres

1. **Identifiez le trône** — demandez au Seigneur de vous montrer les bastions territoriaux dans votre ville, votre bureau, votre lignée ou votre région.
2. **Repentez-vous au nom de la terre** (intercession de style Daniel 9).
3. **Adorez de manière stratégique** : les trônes s'effondrent lorsque la gloire de Dieu prend le dessus (voir 2 Chron. 20).
4. **Déclarez le nom de Jésus** comme le seul vrai Roi sur ce domaine.

Écritures d'ancrage :

- Psaume 94:20 – Trônes d'iniquité
- Éphésiens 6:12 – Gouvernants et autorités
- Ésaïe 28:6 – Esprit de justice pour ceux qui prennent le combat
- 2 Rois 23 – Josias détruit les autels et les trônes idolâtres

ENGAGEMENT DE GROUPE

- Réalisez une séance de « carte spirituelle » de votre quartier ou de votre ville.
- Demandez : Quels sont les cycles de péché, de douleur ou d'oppression ici ?
- Nommer des « veilleurs » pour prier chaque semaine aux points d'entrée clés : écoles, tribunaux, marchés.
- Dirigez le groupe pour promulguer des décrets contre les dirigeants spirituels en utilisant le Psaume 149:5–9.

Outils du ministère : Shofars, plans de la ville, huile d'olive pour la consécration du sol, guides de marche de prière.

Informations clés

Si vous voulez voir une transformation dans votre ville, **vous devez défier le trône derrière le système** — pas seulement le visage qui se trouve devant lui.

Journal de réflexion

- Y a-t-il des batailles récurrentes dans ma ville ou dans ma famille qui me semblent plus grandes que moi ?
- Ai-je hérité d'une bataille contre un trône que je n'ai pas intronisé ?
- Quels « dirigeants » doivent être renversés dans la prière ?

Prière de guerre

Seigneur, expose tout trône d'iniquité régnant sur mon territoire. Je proclame le nom de Jésus comme le seul Roi ! Que tout autel caché, toute loi, tout pacte ou toute puissance qui impose les ténèbres soient dispersés par le feu. Je prends ma place en intercesseur. Par le sang de l'Agneau et la parole de mon témoignage, j'abats les trônes et j'intronise le Christ sur ma maison, ma ville et ma nation. Au nom de Jésus. Amen.

JOUR 24 : FRAGMENTS D'ÂME — QUAND DES PARTIES DE VOUS MANQUENT

« *Il restaure mon âme...* » — Psaume 23:3

« *Je guérirai tes blessures, dit l'Éternel, car tu es appelé un exilé...* » — Jérémie 30:17

Les traumatismes ont le don de briser l'âme. Abus. Rejet. Trahison. Peur soudaine. Deuil prolongé. Ces expériences ne laissent pas que des souvenirs : elles **fracturent votre être intérieur**.

Beaucoup de gens semblent entiers, mais vivent avec **des morceaux d'eux-mêmes en moins**. Leur joie est fragmentée. Leur identité est dispersée. Ils sont prisonniers de fuseaux horaires émotionnels – une partie d'eux-mêmes est prisonnière d'un passé douloureux, tandis que leur corps continue de vieillir.

Ce sont **des fragments d'âme** – des parties de votre moi émotionnel, psychologique et spirituel qui sont brisées en raison d'un traumatisme, d'une interférence démoniaque ou d'une manipulation de sorcellerie.

Tant que ces morceaux ne sont pas rassemblés, guéris et réintégrés par Jésus, **la véritable liberté reste insaisissable**.

Pratiques mondiales de vol d'âme

- **Afrique** – Les sorciers capturent « l'essence » des gens dans des bocaux ou des miroirs.
- **Asie** – Rituels de piégeage de l'âme par des gourous ou des praticiens tantriques.
- **Amérique latine** – Division d'âme chamanique pour le contrôle ou les malédictions.
- **Europe** – La magie du miroir occulte est utilisée pour briser l'identité ou voler des faveurs.

- **Amérique du Nord** – Les traumatismes causés par des agressions sexuelles, un avortement ou une confusion d'identité créent souvent de profondes blessures et une fragmentation de l'âme.

Histoire : *La fille qui ne pouvait rien ressentir*

Andrea, une Espagnole de 25 ans, avait subi des années d'agressions sexuelles de la part d'un membre de sa famille. Bien qu'elle ait accepté Jésus, elle restait émotionnellement engourdie. Elle ne pouvait ni pleurer, ni aimer, ni ressentir d'empathie.

Un pasteur en visite lui a posé une question étrange : « Où as-tu laissé ta joie ? » En fermant les yeux, Andrea se souvint d'avoir neuf ans, recroquevillée dans un placard, se disant : « Je ne ressentirai plus jamais rien. »

Ils ont prié ensemble. Andrea a pardonné, renoncé à ses vœux intérieurs et a invité Jésus à se souvenir de ce souvenir précis. Elle a pleuré sans retenue pour la première fois depuis des années. Ce jour-là, **son âme a été restaurée**.

Plan d'action – Récupération et guérison de l'âme

1. Demandez au Saint-Esprit : *Où ai-je perdu une partie de moi-même ?*
2. Pardonnez à tous ceux qui ont été impliqués dans ce moment et **renoncez aux vœux intérieurs** tels que « Je ne ferai plus jamais confiance ».
3. Invitez Jésus dans la mémoire et parlez de guérison à ce moment-là.
4. Priez : « *Seigneur, restaure mon âme. J'appelle chaque parcelle de moi à revenir et à être guérie.* »

Écritures clés :

- Psaume 23:3 – Il restaure l'âme
- Luc 4:18 – Guérir ceux qui ont le cœur brisé
- 1 Thessaloniciens 5:23 – Esprit, âme et corps préservés
- Jérémie 30:17 – Guérison des parias et des blessures

Demande de groupe

- Guidez les membres à travers une **séance de prière de guérison**

intérieure guidée .
- Demandez : *Y a-t-il des moments dans votre vie où vous avez cessé de faire confiance, de ressentir ou de rêver ?*
- Jouez le rôle de « retourner dans cette pièce » avec Jésus et regardez-le guérir la blessure.
- Demandez à des dirigeants de confiance d'imposer doucement les mains sur les têtes et de déclarer la restauration de l'âme.

Outils du ministère : musique de culte, éclairage doux, mouchoirs, invites à tenir un journal.

Informations clés

La délivrance ne consiste pas seulement à chasser les démons. Il s'agit **de rassembler les morceaux brisés et de restaurer l'identité** .

Journal de réflexion

- Quels événements traumatisants contrôlent encore ma façon de penser ou de ressentir aujourd'hui ?
- Ai-je déjà dit : « Je n'aimerai plus jamais » ou « Je ne peux plus faire confiance à personne » ?
- À quoi ressemble pour moi la « plénitude » et suis-je prêt à l'accepter ?

PRIÈRE DE RESTAURATION

Jésus, tu es le berger de mon âme. Je t'apporte chaque endroit où j'ai été brisé – par la peur, la honte, la douleur ou la trahison. Je brise chaque vœu intérieur et chaque malédiction prononcée dans un traumatisme. Je pardonne à ceux qui m'ont blessé. Maintenant, j'appelle chaque parcelle de mon âme à revenir. Restaure-moi pleinement – esprit, âme et corps. Je ne suis pas brisé à jamais. Je suis entier en toi. Au nom de Jésus. Amen.

JOUR 25 : LA MALÉDICTION DES ENFANTS ÉTRANGES — QUAND LES DESTINÉS S'ÉCHANGENT À LA NAISSANCE

« *Leurs enfants sont des enfants étrangers ; maintenant un mois les dévorera avec leurs portions.* » — Osée 5:7

« *Avant de te former dans le ventre de ta mère , je te connaissais...* » — Jérémie 1:5

Tous les enfants nés dans un foyer n'étaient pas faits pour y vivre.

Tous les enfants porteurs de votre ADN ne portent pas votre héritage.

L'ennemi a longtemps utilisé **la naissance comme champ de bataille** : il a échangé les destins, implanté de faux descendants, initié les bébés à des alliances obscures et altéré les utérus avant même que la conception ne commence.

Il ne s'agit pas seulement d'une question physique. Il s'agit **d'une transaction spirituelle** impliquant des autels, des sacrifices et des pratiques juridiques démoniaques.

Que sont les enfants étranges ?

Les « enfants étranges » sont :

- Enfants nés d'une consécration occulte, de rituels ou d'alliances sexuelles.
- La progéniture est échangée à la naissance (soit spirituellement, soit physiquement).
- Des enfants porteurs de sombres missions dans une famille ou une lignée.
- Âmes capturées dans l'utérus par la sorcellerie, la nécromancie ou les autels générationnels.

De nombreux enfants grandissent dans la rébellion, la dépendance, la haine de leurs parents ou d'eux-mêmes — pas seulement à cause d'une mauvaise éducation, mais à cause de **celui qui les a revendiqués spirituellement à la naissance**.

EXPRESSIONS GLOBALES

- **Afrique** – Échanges spirituels dans les hôpitaux, pollution de l'utérus par les esprits marins ou sexe rituel.
- **Inde** – Les enfants sont initiés aux temples ou aux destinées basées sur le karma avant la naissance.
- **Haïti et Amérique Latine** – Dédicaces Santeria, enfants conçus sur des autels ou après des sorts.
- **Pays occidentaux** – Pratiques de FIV et de maternité de substitution parfois liées à des contrats occultes ou à des lignées de donneurs ; avortements qui laissent des portes spirituelles ouvertes.
- **Cultures autochtones du monde entier** – Cérémonies de dénomination spirituelle ou transferts totémiques d'identité.

Histoire : *Le bébé avec le mauvais esprit*

Clara, une infirmière ougandaise, a raconté comment une femme a amené son nouveau-né à une réunion de prière. L'enfant criait sans cesse, refusait le lait et réagissait violemment à la prière.

Une parole prophétique révéla que le bébé avait été « échangé » dans l'esprit à sa naissance. La mère avoua qu'un sorcier avait prié sur son ventre alors qu'elle désirait désespérément un enfant.

Grâce au repentir et à d'intenses prières de délivrance, le bébé s'est relâché, puis est redevenu paisible. Il s'est ensuite épanoui, montrant des signes de paix et de développement retrouvés.

Toutes les affections infantiles ne sont pas naturelles. Certaines sont **des conséquences de la conception**.

Plan d'action – Reprendre le destin de l'utérus

1. Si vous êtes parent, **consacrez à nouveau votre enfant à Jésus-Christ**.
2. Renoncez à toute malédiction, dédicace ou alliance prénatale, même celles faites à votre insu par vos ancêtres.
3. Parlez directement à l'esprit de votre enfant par la prière : « *Tu appartiens à Dieu. Ta destinée est rétablie.* »
4. Si vous n'avez pas d'enfant, priez pour votre utérus, en rejetant toute forme de manipulation ou d'altération spirituelle.

Écritures clés :

- Osée 9:11–16 – Jugement sur la semence étrangère
- Ésaïe 49:25 – Combattre pour ses enfants
- Luc 1:41 – Des enfants remplis de l'Esprit dès le ventre maternel
- Psaume 139:13–16 – Le dessein intentionnel de Dieu dans le ventre maternel

Engagement de groupe

- Demandez aux parents d'apporter les noms ou les photos de leurs enfants.
- Déclarez sur chaque nom : « L'identité de votre enfant est restaurée. Toute main étrangère est coupée. »
- Priez pour la purification spirituelle de l'utérus de toutes les femmes (et des hommes en tant que porteurs spirituels de la semence).
- Utilisez la communion pour symboliser la reconquête du destin de la lignée.

Outils du ministère : communion, huile d'onction, noms imprimés ou articles pour bébé (facultatif).

Informations clés

Satan cible le ventre maternel, car **c'est là que se forment les prophètes, les guerriers et les destinées**. Mais chaque enfant peut être récupéré par le Christ.

Journal de réflexion

- Ai-je déjà fait des rêves étranges pendant la grossesse ou après l'accouchement ?
- Mes enfants éprouvent-ils des difficultés qui semblent contre nature ?
- Suis-je prêt à affronter les origines spirituelles de la rébellion ou du retard générationnel ?

Prière de récupération

Père, j'amène mon sein, ma descendance et mes enfants à ton autel. Je me repens de toute porte, connue ou inconnue, qui a permis à l'ennemi d'y accéder. Je brise toute malédiction, tout engagement et toute mission démoniaque liés à mes enfants. Je leur dis : Tu es saint, choisi et scellé pour la gloire de Dieu. Ta destinée est rachetée. Au nom de Jésus. Amen.

JOUR 26 : AUTELS CACHÉS DU POUVOIR — SE LIBÉRER DES ALLIANCES OCCULTIQUES DE L'ÉLITE

> *Le diable le transporta encore sur une très haute montagne, lui montra tous les royaumes du monde et leur gloire. Il lui dit : « Je te donnerai tout cela, si tu te prosternes et m'adores. »* — Matthieu 4:8-9

Beaucoup pensent que le pouvoir satanique se trouve uniquement dans les rituels secrets ou les villages obscurs. Mais certaines des alliances les plus dangereuses se cachent derrière des costumes impeccables, des clubs d'élite et une influence multigénérationnelle.

Ce sont **des autels de pouvoir**, formés de serments de sang, d'initiations, de symboles secrets et de promesses orales qui lient des individus, des familles et même des nations entières à la domination de Lucifer. De la franc-maçonnerie aux rites kabbalistiques, des initiations stellaires orientales aux anciennes écoles de mystères égyptiennes et babyloniennes, ils promettent l'illumination mais offrent un esclavage.

Connexions mondiales

- **Europe et Amérique du Nord** – Franc-maçonnerie, Rosicrucianisme, Ordre de la Golden Dawn, Skull & Bones, Bohemian Grove, initiations à la Kabbale.
- **Afrique** – Pactes politiques de sang, pactes spirituels ancestraux pour le pouvoir, alliances de sorcellerie de haut niveau.
- **Asie** – Sociétés illuminées, pactes d'esprits de dragon, dynasties de lignées liées à la sorcellerie ancienne.
- **Amérique latine** – Santeria politique, protection rituelle liée aux cartels, pactes conclus pour le succès et l'immunité.
- **Moyen-Orient** – Rites babyloniens et assyriens antiques transmis

sous couvert religieux ou royal.

Témoignage – Le petit-fils d'un franc-maçon retrouve la liberté

Carlos, élevé dans une famille influente en Argentine, ignorait que son grand-père avait atteint le 33e degré de la franc-maçonnerie. D'étranges manifestations avaient hanté sa vie : paralysie du sommeil, sabotage relationnel et incapacité constante à progresser, malgré tous ses efforts.

Après avoir assisté à un enseignement de délivrance qui a révélé des liens avec l'élite occulte, il a confronté son histoire familiale et découvert des insignes maçonniques et des journaux cachés. Lors d'un jeûne de minuit, il a renoncé à toute alliance de sang et a proclamé sa liberté en Christ. Cette même semaine, il a obtenu l'emploi qu'il attendait depuis des années.

Les autels de haut niveau créent une opposition de haut niveau — mais le **sang de Jésus** parle plus fort que n'importe quel serment ou rituel.

Plan d'action – Dévoiler la loge cachée

1. **Enquête** : Existe-t-il des affiliations maçonniques, ésotériques ou secrètes dans votre lignée ?
2. **Renoncez** à toute alliance connue et inconnue en utilisant des déclarations basées sur Matthieu 10:26–28.
3. **Brûlez ou retirez** tous les symboles occultes : pyramides, yeux qui voient tout, boussoles, obélisques, anneaux ou robes.
4. **Priez à haute voix** :

« Je romps tout accord secret avec les sociétés secrètes, les sectes de la lumière et les fausses confréries. Je ne sers que le Seigneur Jésus-Christ. »

Demande de groupe

- Demandez aux membres d'écrire tout lien occulte connu ou suspecté avec l'élite.
- Menez un **acte symbolique de rupture des liens** : déchirer des papiers, brûler des images ou oindre leur front comme un sceau de séparation.
- Utilisez **le Psaume 2** pour déclarer la rupture des conspirations nationales et familiales contre l'oint du Seigneur.

Informations clés

L'emprise la plus puissante de Satan réside souvent dans le secret et le prestige. La véritable liberté commence lorsque l'on expose, renonce et remplace ces autels par l'adoration et la vérité.

Journal de réflexion

- Ai-je hérité de richesses, de pouvoir ou d'opportunités qui me semblent spirituellement « décalées » ?
- Existe-t-il des liens secrets dans mon ascendance que j'ai ignorés ?
- Combien cela me coûtera-t-il de couper l'accès impie au pouvoir – et suis-je prêt à le faire ?

Prière de délivrance

Père, je sors de toute loge, de tout autel et de tout accord cachés, en mon nom ou au nom de ma lignée. Je romps tout lien d'âme, tout lien de sang et tout serment fait consciemment ou non. Jésus, tu es ma seule Lumière, ma seule Vérité et mon seul rempart. Que ton feu consume tout lien impie au pouvoir, à l'influence ou à la tromperie. Je reçois la liberté totale, au nom de Jésus. Amen.

JOUR 27 : ALLIANCES IMPIES — FRANC-MAÇONNERIE, ILLUMINATI ET INFILTRATION SPIRITUELLE

« *Ne vous associez pas aux œuvres vaines des ténèbres, mais plutôt dénoncez-les.* » — Éphésiens 5:11

« *Vous ne pouvez boire la coupe du Seigneur et en même temps la coupe des démons.* » — 1 Corinthiens 10:21

Il existe des sociétés secrètes et des réseaux mondiaux qui se présentent comme d'inoffensives organisations fraternelles, offrant charité, connexion ou illumination. Mais derrière le rideau se cachent des serments plus profonds, des rituels de sang, des liens d'âme et des pans de doctrine lucifériennes enveloppés de « lumière ».

La Franc-maçonnerie, les Illuminati, l'Eastern Star, les Skull and Bones et leurs réseaux frères ne sont pas de simples clubs sociaux. Ce sont des autels d'allégeance – certains remontant à plusieurs siècles – conçus pour infiltrer spirituellement les familles, les gouvernements et même les églises.

Empreinte mondiale

- **Amérique du Nord et Europe** – Temples de la franc-maçonnerie, loges du rite écossais, Skull & Bones de Yale.
- **Afrique** – Initiations politiques et royales avec rites maçonniques, pactes de sang pour protection ou pouvoir.
- **Asie** – Écoles de Kabbale masquées sous forme d'illumination mystique, rites monastiques secrets.
- **Amérique latine** – Ordres d'élite cachés, la Santeria fusionne avec l'influence de l'élite et les pactes de sang.
- **Moyen-Orient** – Anciennes sociétés secrètes babyloniennes liées à des structures de pouvoir et à un culte de la fausse lumière.

CES RÉSEAUX ONT SOUVENT pour effet :

- Exiger du sang ou des serments oraux.
- Utilisez des symboles occultes (boussoles, pyramides, yeux).
- Diriger des cérémonies pour invoquer ou consacrer son âme à un ordre.
- Accordez de l'influence ou de la richesse en échange d'un contrôle spirituel.

Témoignage – La confession d'un évêque

Un évêque d'Afrique de l'Est a avoué devant son église avoir rejoint la franc-maçonnerie à un niveau modeste, pendant ses études universitaires, simplement pour des « relations ». Mais à mesure qu'il gravissait les échelons, il a commencé à percevoir d'étranges exigences : un serment de silence, des cérémonies avec bandeaux et symboles, et une « lumière » qui glaçait sa vie de prière. Il a cessé de rêver. Il ne pouvait plus lire les Écritures.

Après s'être repenti et avoir publiquement dénoncé chaque rang et chaque vœu, le brouillard spirituel s'est dissipé. Aujourd'hui, il prêche le Christ avec audace, révélant ce à quoi il avait participé. Ses chaînes étaient invisibles, jusqu'à leur rupture.

Plan d'action – Briser l'influence de la franc-maçonnerie et des sociétés secrètes

1. **Identifiez** toute implication personnelle ou familiale avec la franc-maçonnerie, le rosicrucianisme, la Kabbale, Skull and Bones ou des ordres secrets similaires.
2. **Renoncez à chaque niveau ou degré d'initiation**, du 1er au 33e ou au-delà, y compris tous les rituels, symboles et serments. (Vous trouverez des renonciations guidées à la délivrance en ligne.)
3. **Priez avec autorité** :

« Je romps tout lien d'âme, tout pacte de sang et tout serment fait à des sociétés secrètes – par moi ou en mon nom. Je récupère mon âme pour Jésus-Christ ! »

1. **Détruisez les objets symboliques** : insignes, livres, certificats, bagues ou images encadrées.
2. **Déclarez** la liberté en utilisant :
    - *Galates 5:1*
    - *Psaume 2:1–6*
    - *Ésaïe 28:15–18*

Demande de groupe

- Demandez au groupe de fermer les yeux et de demander au Saint-Esprit de révéler toute affiliation secrète ou tout lien familial.
- Renonciation corporative : passer par une prière pour dénoncer tout lien connu ou inconnu avec les ordres d'élite.
- Utilisez la communion pour sceller la rupture et réaligner les alliances sur le Christ.
- Oindre la tête et les mains — restaurer la clarté de l'esprit et les œuvres saintes.

Informations clés

Ce que le monde appelle « élite », Dieu peut le qualifier d'abomination. Toute influence n'est pas sainte, et toute lumière n'est pas Lumière. Il n'existe pas de secret inoffensif lorsqu'il s'agit de serments spirituels.

Journal de réflexion

- Ai-je fait partie d'ordres secrets ou de groupes d'illumination mystique, ou ai-je été curieux à leur sujet ?
- Y a-t-il des signes d'aveuglement spirituel, de stagnation ou de froid dans ma foi ?
- Dois-je affronter l'implication familiale avec courage et grâce ?

Prière de liberté

Seigneur Jésus, je viens devant Toi comme la seule vraie Lumière. Je renonce à tout lien, à tout serment, à toute fausse lumière et à tout ordre secret qui me réclame. Je romps avec la franc-maçonnerie, les sociétés secrètes, les anciennes confréries et tout lien spirituel lié aux ténèbres. Je déclare être sous le sang de Jésus seul – scellé, délivré et libre. Que Ton Esprit brûle tout résidu de ces alliances. Au nom de Jésus. Amen.

JOUR 28 : KABBALE, RÉSEAUX ÉNERGÉTIQUES ET L'ATTRAIT DE LA « LUMIÈRE » MYSTIQUE

« *Car Satan lui-même se déguise en ange de lumière.* » — 2 Corinthiens 11:14

« *La lumière qui est en vous est ténèbres ; combien sont profondes ces ténèbres !* » — Luc 11:35

À une époque où l'éveil spirituel est omniprésent, nombreux sont ceux qui, sans le savoir, se plongent dans d'anciennes pratiques kabbalistiques, des soins énergétiques et des enseignements de lumière mystique ancrés dans des doctrines occultes. Ces enseignements se font souvent passer pour du « mysticisme chrétien », de la « sagesse juive » ou de la « spiritualité fondée sur la science », mais ils proviennent de Babylone et non de Sion.

La Kabbale n'est pas seulement un système philosophique juif ; c'est une matrice spirituelle fondée sur des codes secrets, des émanations divines (Sefirot) et des voies ésotériques. C'est la même tromperie séduisante qui se cache derrière le tarot, la numérologie, les portails du zodiaque et les grilles New Age.

De nombreuses célébrités, influenceurs et magnats des affaires portent des cordes rouges, méditent avec l'énergie cristalline ou suivent le Zohar sans savoir qu'ils participent à un système invisible de piégeage spirituel.

Enchevêtrements mondiaux

- **Amérique du Nord** – Centres de Kabbale déguisés en espaces de bien-être ; méditations énergétiques guidées.
- **Europe** – Kabbale druidique et christianisme ésotérique enseignés dans des ordres secrets.
- **Afrique** – Cultes de prospérité mêlant écritures, numérologie et portails énergétiques.

- **Asie** – La guérison des chakras rebaptisée « activation lumineuse » alignée sur les codes universels.
- **Amérique latine** – Saints mêlés aux archanges kabbalistiques dans le catholicisme mystique.

C'est la séduction de la fausse lumière — où la connaissance devient un dieu et l'illumination devient une prison.

Témoignage réel – Échapper au « piège lumineux »

Marisol, coach d'affaires sud-américaine, pensait avoir découvert la véritable sagesse grâce à la numérologie et au « flux d'énergie divine » d'un mentor kabbalistique. Ses rêves devinrent plus clairs, ses visions plus nettes. Mais sa paix intérieure ? Disparue. Ses relations ? En train de s'effondrer.

Elle se retrouva tourmentée par des êtres mystérieux dans son sommeil, malgré ses « prières de lumière » quotidiennes. Une amie lui envoya le témoignage vidéo d'une ancienne mystique qui avait rencontré Jésus. Cette nuit-là, Marisol invoqua Jésus. Elle vit une lumière blanche aveuglante – non pas mystique, mais pure. La paix revint. Elle détruisit ses biens et commença son chemin de délivrance. Aujourd'hui, elle dirige une plateforme de mentorat centrée sur le Christ pour les femmes piégées dans la tromperie spirituelle.

Plan d'action – Renoncer aux fausses illuminations

1. **Vérifiez** votre exposition : avez-vous lu des livres mystiques, pratiqué la guérison énergétique, suivi des horoscopes ou porté des fils rouges ?
2. **Repentez-** vous d'avoir cherché la lumière en dehors du Christ.
3. **Rompre les liens** avec :
    - Enseignements de la Kabbale/Zohar
    - Médecine énergétique ou activation lumineuse
    - Invocations d'anges ou décodage des noms
    - Géométrie sacrée, numérologie ou « codes »
4. **Priez à haute voix** :

« *Jésus, Tu es la Lumière du monde. Je renonce à toute fausse lumière, à tout enseignement occulte et à tout piège mystique. Je reviens à Toi, ma seule source de vérité !* »

1. **Écritures à déclarer :**
    - Jean 8:12
    - Deutéronome 18:10–12
    - Ésaïe 2:6
    - 2 Corinthiens 11:13–15

Demande de groupe

- Demandez : Avez-vous (ou votre famille) déjà participé ou été exposé à des enseignements du Nouvel Âge, de la numérologie, de la Kabbale ou de la « lumière » mystique ?
- Renonciation collective à la fausse lumière et reconsécration à Jésus comme seule Lumière.
- Utilisez des images de sel et de lumière : donnez à chaque participant une pincée de sel et une bougie pour déclarer : « Je suis sel et lumière en Christ seul. »

Informations clés

Toute lumière n'est pas sainte. Ce qui illumine en dehors du Christ finira par s'éteindre.

Journal de réflexion

- Ai-je recherché la connaissance, le pouvoir ou la guérison en dehors de la Parole de Dieu ?
- De quels outils ou enseignements spirituels ai-je besoin de me débarrasser ?
- Y a-t-il quelqu'un que j'ai initié aux pratiques New Age ou « légères » et que je dois maintenant guider à nouveau ?

Prière de délivrance

Père, je me sépare de tout esprit de fausse lumière, de mysticisme et de connaissance secrète. Je renonce à la Kabbale, à la numérologie, à la géométrie sacrée et à tout code obscur se faisant passer pour la lumière. Je déclare que Jésus est la Lumière de ma vie. Je m'éloigne du chemin de la tromperie et entre dans la vérité. Purifie-moi de ton feu et remplis-moi du Saint-Esprit. Au nom de Jésus. Amen.

JOUR 29 : LE VOILE DES ILLUMINATI — DÉMASQUER LES RÉSEAUX OCCULTES DE L'ÉLITE

« *Les rois de la terre se dressent et les princes se liguent contre l'Éternel et contre son oint.* » — Psaume 2:2

« *Rien n'est caché qui ne doive être découvert, ni rien de secret qui ne doive être mis au jour.* » — Luc 8:17

Il existe un monde au sein de notre monde. Caché à la vue de tous.

D'Hollywood à la haute finance, des coulisses politiques aux empires musicaux, un réseau d'alliances obscures et de contrats spirituels gouverne les systèmes qui façonnent la culture, la pensée et le pouvoir. Plus qu'une conspiration, c'est une rébellion ancestrale revisitée pour la scène moderne.

Les Illuminati, au fond, ne sont pas simplement une société secrète : c'est un programme luciférien. Une pyramide spirituelle où ceux qui sont au sommet prêtent allégeance par le sang, les rituels et l'échange d'âmes, souvent enveloppés de symboles, de mode et de culture populaire pour conditionner les masses.

Il ne s'agit pas de paranoïa, mais de prise de conscience.

HISTOIRE VRAIE – UN voyage de la gloire à la foi

Marcus était un producteur de musique en pleine ascension aux États-Unis. Lorsque son troisième grand succès a atteint les charts, il a été introduit dans un club exclusif : des hommes et des femmes puissants, des « mentors » spirituels, des contrats baignés de secret. Au début, cela ressemblait à un mentorat d'élite. Puis sont venues les séances d' « invocation » : pièces obscures, lumières rouges, chants et rituels du miroir. Il a commencé à faire l'expérience de voyages hors du corps, des voix lui murmurant des chansons la nuit.

Une nuit, sous l'emprise de la drogue et tourmenté, il a tenté de se suicider. Mais Jésus est intervenu. L'intercession d'une grand-mère en prière a percé. Il s'est enfui, a renoncé au système et a entamé un long chemin de délivrance. Aujourd'hui, il dénonce les ténèbres de l'industrie à travers une musique qui témoigne de la lumière.

SYSTÈMES DE CONTRÔLE cachés

- **Sacrifices de sang et rituels sexuels** – L'initiation au pouvoir nécessite un échange : corps, sang ou innocence.
- **Programmation mentale (modèles MK Ultra)** – Utilisé dans les médias, la musique, la politique pour créer des identités et des gestionnaires fracturés.
- **Symbolisme** – Yeux pyramidaux, phénix, sols en damier, hiboux et étoiles inversées – portes d'allégeance.
- **Doctrine luciférienne** – « Fais ce que tu veux », « Deviens ton propre dieu », « L'illumination du porteur de lumière ».

Plan d'action – Se libérer des toiles d'élite

1. **Repentez-** vous d'avoir participé à tout système lié à l'autonomisation occulte, même sans le savoir (musique, médias, contrats).
2. **Renoncez** à la célébrité à tout prix, aux alliances cachées ou à la fascination pour les modes de vie d'élite.
3. **Priez pour** chaque contrat, marque ou réseau auquel vous appartenez. Demandez au Saint-Esprit de révéler les liens cachés.
4. **Déclarez à haute voix :**

« Je rejette tout système, serment et symbole des ténèbres. J'appartiens au Royaume de Lumière. Mon âme n'est pas à vendre ! »

1. **Écritures d'ancrage :**
    - Ésaïe 28:15–18 – L'alliance avec la mort ne tiendra pas.
    - Psaume 2 – Dieu se rit des complots méchants

- 1 Corinthiens 2:6–8 – Les dirigeants de ce siècle ne comprennent pas la sagesse de Dieu.

DEMANDE DE GROUPE

- Dirigez le groupe dans une séance **de nettoyage des symboles** — apportez des images ou des logos sur lesquels les participants ont des questions.
- Encouragez les gens à partager où ils ont vu des signes Illuminati dans la culture pop et comment cela a façonné leurs opinions.
- Invitez les participants à **réengager leur influence** (musique, mode, médias) au service du dessein du Christ.

Informations clés

La tromperie la plus puissante est celle qui se cache derrière le glamour. Mais une fois le masque retiré, les chaînes se brisent.

Journal de réflexion

- Suis-je attiré par des symboles ou des mouvements que je ne comprends pas entièrement ?
- Ai-je fait des vœux ou des accords dans le but d'obtenir de l'influence ou de la renommée ?
- Quelle partie de mon don ou de ma plateforme dois-je à nouveau abandonner à Dieu ?

Prière de liberté

Père, je rejette toute structure cachée, tout serment et toute influence des Illuminati et des élites occultes. Je renonce à la célébrité sans Toi, au pouvoir sans but et à la connaissance sans le Saint-Esprit. J'annule toute alliance, faite de sang ou de parole, jamais conclue contre moi, consciemment ou non. Jésus, je T'intronise comme Seigneur de mon esprit, de mes dons et de ma destinée. Expose et détruis toute chaîne invisible. En Ton nom, je m'élève et je marche dans la lumière. Amen.

JOUR 30 : LES ÉCOLES DE MYSTÈRES — SECRETS ANCIENS, ASSERVISSEMENT MODERNE

« *Leurs gosiers sont des sépulcres ouverts ; leurs langues se livrent à la tromperie. Un venin de vipère est sur leurs lèvres.* » — Romains 3:13

« *N'appelez pas conspiration tout ce que ce peuple appelle conspiration ; ne craignez pas ce qu'il craint... C'est le Seigneur des armées célestes que vous sanctifierez...* » — Ésaïe 8:12-13

Bien avant les Illuminati, il existait d'anciennes écoles de mystères – en Égypte, à Babylone, en Grèce, en Perse – conçues non seulement pour transmettre le « savoir », mais aussi pour éveiller des pouvoirs surnaturels par le biais de rituels obscurs. Aujourd'hui, ces écoles ressuscitent dans les universités d'élite, les retraites spirituelles, les camps de « sensibilisation », et même par le biais de formations en ligne déguisées en développement personnel ou en éveil de conscience de haut niveau.

Des cercles de Kabbale à la Théosophie, en passant par les Ordres hermétiques et le Rosicrucianisme, l'objectif est le même : « devenir semblable à des dieux », éveiller un pouvoir latent sans s'abandonner à Dieu. Les chants cachés, la géométrie sacrée, la projection astrale, le déverrouillage de la glande pinéale et les rituels cérémoniels plongent de nombreuses personnes dans un esclavage spirituel sous couvert de « lumière ».

Mais toute « lumière » qui n'est pas enracinée en Jésus est une fausse lumière. Et tout serment caché doit être rompu.

Histoire vraie – De l'adepte à l'abandon

Sandra*, coach bien-être sud-africaine, a été initiée à un ordre mystérieux égyptien grâce à un programme de mentorat. La formation comprenait des alignements de chakras, des méditations solaires, des rituels lunaires et des parchemins de sagesse antique. Elle a commencé à ressentir des «

téléchargements » et des « ascensions », qui se sont rapidement transformés en crises de panique, paralysies du sommeil et épisodes suicidaires.

Lorsqu'un ministre de la délivrance a révélé la source de cette injustice, Sandra a compris que son âme était liée par des vœux et des contrats spirituels. Renoncer à l'ordre signifiait perdre revenus et relations, mais elle a gagné sa liberté. Aujourd'hui, elle dirige un centre de guérison centré sur le Christ, mettant en garde contre les tromperies du Nouvel Âge.

Points communs des écoles de mystères d'aujourd'hui

- **Cercles de la Kabbale** – Mysticisme juif mêlé à la numérologie, au culte des anges et aux plans astraux.
- **Hermétisme** – doctrine « Comme en haut, ainsi en bas » ; donner à l'âme le pouvoir de manipuler la réalité.
- **Rosicruciens** – Ordres secrets liés à la transformation alchimique et à l'ascension spirituelle.
- **Franc-maçonnerie et fraternités ésotériques** – Progression en couches vers la lumière cachée ; chaque degré est lié par des serments et des rituels.
- **Retraites spirituelles** – Cérémonies d'« illumination » psychédéliques avec des chamans ou des « guides ».

Plan d'action – Briser les anciens jougs

1. **Renoncez** à toutes les alliances conclues par le biais d'initiations, de cours ou de contrats spirituels en dehors du Christ.
2. **Annulez** le pouvoir de toute source de « lumière » ou d'« énergie » qui n'est pas enracinée dans le Saint-Esprit.
3. **Purifiez** votre maison des symboles : ankhs, œil d'Horus, géométrie sacrée, autels, encens, statues ou livres rituels.
4. **Déclarez** à haute voix :

« Je rejette toute voie ancienne et moderne vers la fausse lumière. Je me soumets à Jésus-Christ, la vraie Lumière. Tout serment secret est rompu par son sang. »

ÉCRITURES D'ANCRAGE

- Colossiens 2:8 – Pas de philosophie creuse et trompeuse
- Jean 1:4–5 – La vraie lumière brille dans les ténèbres
- 1 Corinthiens 1:19–20 – Dieu détruit la sagesse des sages

DEMANDE DE GROUPE

- Organisez une soirée symbolique de « brûlage de parchemins » (Actes 19:19) — où les membres du groupe apportent et détruisent tous les livres, bijoux et objets occultes.
- Priez pour les personnes qui ont « téléchargé » des connaissances étranges ou ouvert les chakras du troisième œil par la méditation.
- Guidez les participants à travers une prière de **« transfert de lumière »** — demandant au Saint-Esprit de prendre en charge chaque domaine précédemment soumis à la lumière occulte.

INFORMATIONS CLÉS

Dieu ne cache pas la vérité dans des énigmes et des rituels ; il la révèle par son Fils. Méfiez-vous de la « lumière » qui vous entraîne dans les ténèbres.

JOURNAL DE RÉFLEXION

- Ai-je rejoint une école en ligne ou physique promettant une sagesse ancienne, une activation ou des pouvoirs mystérieux ?
- Y a-t-il des livres, des symboles ou des rituels que je pensais autrefois inoffensifs mais dont je me sens maintenant coupable ?
- Où ai-je recherché une expérience spirituelle plus qu'une relation avec Dieu ?

Prière de délivrance

Seigneur Jésus, Tu es le Chemin, la Vérité et la Lumière. Je me repens de chaque chemin emprunté qui a contourné Ta Parole. Je renonce à toutes les écoles de mystères, ordres secrets, serments et initiations. Je romps tout lien avec tous les guides, enseignants, esprits et systèmes enracinés dans une ancienne tromperie. Fais briller Ta lumière dans chaque recoin de mon cœur et emplis-moi de la vérité de Ton Esprit. Au nom de Jésus, je marche libre. Amen.

JOUR 31 : KABBALE, GÉOMÉTRIE SACRÉE ET TROMPERIE DE LA LUMIÈRE D'ÉLITE

« *Car Satan lui-même se déguise en ange de lumière.* » — 2 Corinthiens 11:14

« *Les choses cachées sont à l'Éternel, notre Dieu, mais les choses révélées sont à nous...* » — Deutéronome 29:29

Dans notre quête de connaissance spirituelle, un danger plane : l'attrait de la « sagesse cachée », qui promet puissance, lumière et divinité en dehors du Christ. Des cercles de célébrités aux loges secrètes, de l'art à l'architecture, un système de tromperie se propage à travers le monde, entraînant les chercheurs dans le réseau ésotérique de **la Kabbale**, **de la géométrie sacrée** et **des enseignements mystérieux**.

Il ne s'agit pas d'explorations intellectuelles inoffensives. Ce sont des portes d'entrée vers des alliances spirituelles avec des anges déchus se faisant passer pour la lumière.

MANIFESTATIONS MONDIALES

- **Hollywood et l'industrie musicale** – De nombreuses célébrités portent ouvertement des bracelets de Kabbale ou se font tatouer des symboles sacrés (comme l'Arbre de Vie) qui remontent au mysticisme juif occulte.
- **Mode et architecture** – Les motifs maçonniques et les motifs géométriques sacrés (la Fleur de Vie, les hexagrammes, l'Œil d'Horus) sont intégrés dans les vêtements, les bâtiments et l'art numérique.

- **Moyen-Orient et Europe** – Les centres d'études de la Kabbale prospèrent parmi les élites, mélangeant souvent mysticisme, numérologie, astrologie et invocations angéliques.
- **Cercles en ligne et New Age dans le monde entier** – YouTube, TikTok et les podcasts normalisent les « codes de lumière », les « portails énergétiques », les « vibrations 3-6-9 » et les enseignements de la « matrice divine » basés sur la géométrie sacrée et les cadres kabbalistiques.

Histoire vraie — Quand la lumière devient un mensonge

Jana, une Suédoise de 27 ans, a commencé à explorer la Kabbale après avoir suivi sa chanteuse préférée, qui lui attribuait son « éveil créatif ». Elle a acheté le bracelet en fil rouge, a commencé à méditer avec des mandalas géométriques et a étudié les noms des anges dans d'anciens textes hébreux.

Les choses commencèrent à changer. Ses rêves devinrent étranges. Elle sentait des êtres à ses côtés dans son sommeil, lui murmurant des sagesses, puis réclamant du sang. Les ombres la suivaient, mais elle aspirait à davantage de lumière.

Finalement, elle est tombée sur une vidéo de délivrance en ligne et a compris que son tourment n'était pas une ascension spirituelle, mais une tromperie spirituelle. Après six mois de séances de délivrance, de jeûne et de brûlage de tous les objets kabbalistiques de sa maison, la paix a commencé à revenir. Elle met désormais en garde les autres sur son blog : « La fausse lumière a failli me détruire. »

DISCERNER LE CHEMIN

La Kabbale, bien que parfois revêtue de religiosité, rejette Jésus-Christ comme seul chemin vers Dieu. Elle exalte souvent le « **moi divin** », promeut **la canalisation** et **l'ascension vers l'arbre de vie**, et utilise **le mysticisme mathématique** pour invoquer le pouvoir. Ces pratiques ouvrent **des portes spirituelles** – non pas vers le ciel, mais vers des entités se faisant passer pour des porteurs de lumière.

De nombreuses doctrines kabbalistiques recoupent :

- Franc-maçonnerie
- Rosicrucianisme
- Gnosticisme
- Les sectes lucifériennes des Lumières

Le dénominateur commun ? La quête de la divinité sans Christ.

Plan d'action – Dénoncer et éliminer la fausse lumière

1. **Repentez-vous** de tout engagement avec les enseignements de la Kabbale, de la numérologie, de la géométrie sacrée ou de « l'école des mystères ».
2. **Détruisez les objets** de votre maison liés à ces pratiques : mandalas, autels, textes de la Kabbale, grilles de cristal, bijoux à symboles sacrés.
3. **Renoncez aux esprits de fausse lumière** (par exemple, Metatron, Raziel, Shekinah sous forme mystique) et ordonnez à chaque faux ange de partir.
4. **Plongez** dans la simplicité et la suffisance du Christ (2 Corinthiens 11:3).
5. **Jeûnez et oignez**-vous — les yeux, le front, les mains — en renonçant à toute fausse sagesse et en déclarant votre allégeance à Dieu seul.

Demande de groupe

- Partagez toutes vos rencontres avec des « enseignements de lumière », la numérologie, les médias de la Kabbale ou les symboles sacrés.
- En groupe, dressez la liste des phrases ou des croyances qui semblent « spirituelles » mais qui s'opposent au Christ (par exemple, « je suis divin », « l'univers pourvoit », « la conscience du Christ »).
- Oignez chaque personne avec de l'huile tout en déclarant Jean 8:12 — « *Jésus est la lumière du monde.* »
- Brûlez ou jetez tout matériau ou objet faisant référence à la géométrie sacrée, au mysticisme ou aux « codes divins ».

INFORMATIONS CLÉS

Satan n'apparaît pas d'abord comme un destructeur. Il apparaît souvent comme un illuminateur, offrant une connaissance secrète et une fausse lumière. Mais cette lumière ne mène qu'à des ténèbres plus profondes.

Journal de réflexion

- Ai-je ouvert mon esprit à une « lumière spirituelle » qui a contourné le Christ ?
- Y a-t-il des symboles, des phrases ou des objets que je pensais inoffensifs mais que je reconnais maintenant comme des portails ?
- Ai-je élevé la sagesse personnelle au-dessus de la vérité biblique ?

Prière de délivrance
Père, je renonce à toute fausse lumière, à tout enseignement mystique et à toute connaissance secrète qui ont empêtré mon âme. Je confesse que seul Jésus-Christ est la véritable Lumière du monde. Je rejette la Kabbale, la géométrie sacrée, la numérologie et toutes les doctrines démoniaques. Que tout esprit contrefait soit maintenant déraciné de ma vie. Purifie mes yeux, mes pensées, mon imagination et mon esprit. Je suis à Toi seul – esprit, âme et corps. Au nom de Jésus. Amen.

JOUR 32 : L'ESPRIT SERPENT INTÉRIEUR — QUAND LA DÉLIVRANCE ARRIVE TROP TARD

« *Ils ont les yeux remplis d'adultère... ils séduisent les âmes mal affermies... ils ont suivi la voie de Balaam... à qui est réservée l'obscurité des ténèbres pour toujours.* » — 2 Pierre 2:14–17

« *Ne vous y trompez pas : on ne se moque pas de Dieu. L'homme moissonne ce qu'il a semé.* » — Galates 6:7

Il existe une contrefaçon démoniaque qui se fait passer pour l'illumination. Elle guérit, dynamise, donne du pouvoir, mais seulement pour un temps. Elle murmure des mystères divins, ouvre votre « troisième œil », libère la puissance de votre colonne vertébrale, puis **vous asservit dans le tourment**.

C'est **la Kundalini**.

L'**esprit du serpent**.

Le faux « esprit saint » du Nouvel Âge.

Une fois activée – par le yoga, la méditation, les psychédéliques, un traumatisme ou des rituels occultes – cette force s'enroule à la base de la colonne vertébrale et s'élève comme un feu à travers les chakras. Beaucoup y voient un éveil spirituel. En réalité, il s'agit d'**une possession démoniaque** déguisée en énergie divine.

Mais que se passe-t-il quand cela **ne disparaît pas** ?

Histoire vraie – « Je ne peux pas l'éteindre »

Marissa, une jeune chrétienne canadienne, avait pratiqué le « yoga chrétien » avant de donner sa vie au Christ. Elle aimait les sensations de paix, les vibrations, les visions lumineuses. Mais après une séance intense où elle sentit sa colonne vertébrale s'enflammer, elle s'évanouit et se réveilla sans pouvoir respirer. Cette nuit-là, quelque chose commença **à perturber son sommeil**

, tordant son corps, apparaissant comme « Jésus » dans ses rêves, mais se moquant d'elle.

Elle reçut **la délivrance** à cinq reprises. Les esprits partaient, mais revenaient. Sa colonne vertébrale vibrait encore. Ses yeux voyaient constamment dans le monde des esprits. Son corps bougeait involontairement. Malgré le salut, elle traversait désormais un enfer que peu de chrétiens comprenaient. Son esprit était sauvé, mais son âme était **violée, brisée et fragmentée**.

Les conséquences dont personne ne parle

- **Le troisième œil reste ouvert** : visions constantes, hallucinations, bruit spirituel, « anges » mentant.
- **Le corps n'arrête pas de vibrer** : énergie incontrôlable, pression dans le crâne, palpitations cardiaques.
- **Tourment implacable** : même après plus de 10 séances de délivrance.
- **Isolement** : Les pasteurs ne comprennent pas. Les églises ignorent le problème. La personne est qualifiée d'« instable ».
- **La peur de l'enfer** : Non pas à cause du péché, mais à cause du tourment qui refuse de finir.

Les chrétiens peuvent-ils atteindre un point de non-retour ?

Oui, dès cette vie. Vous pouvez être **sauvé**, mais si fragmenté que **votre âme sera tourmentée jusqu'à la mort**.

Il ne s'agit pas d'une campagne de peur. Il s'agit d'un **avertissement prophétique**.

Exemples mondiaux

- **Afrique** – De faux prophètes libèrent le feu de la Kundalini pendant les services — les gens convulsent, écument, rient ou rugissent.
- **Asie** – Les maîtres de yoga s'élèvent vers la « siddhi » (possession démoniaque) et l'appellent conscience divine.
- **Europe/Amérique du Nord** – Mouvements néocharismatiques canalisant les « royaumes de gloire », aboyant, riant, tombant de manière incontrôlable — pas de Dieu.

- **Amérique latine** – Éveils chamaniques utilisant l'ayahuasca (plantes médicinales) pour ouvrir des portes spirituelles qu'ils ne peuvent pas fermer.

PLAN D'ACTION — SI vous êtes allé trop loin

1. **Confessez le portail exact** : Kundalini yoga, méditations du troisième œil, églises new age, psychédéliques, etc.
2. **Arrêtez toute recherche de délivrance** : certains esprits tourmentent plus longtemps lorsque vous continuez à les renforcer par la peur.
3. **Ancrez-vous dans les Écritures** QUOTIDIENNEMENT — en particulier le Psaume 119, Ésaïe 61 et Jean 1. Ceux-ci renouvellent l'âme.
4. **Soumettez-vous à la communauté** : Trouvez au moins un croyant rempli du Saint-Esprit avec qui marcher. L'isolement renforce les démons.
5. **Renoncez à toute « vue » spirituelle, à tout feu, à toute connaissance, à toute énergie**, même si cela semble sacré.
6. **Demandez miséricorde à Dieu** — pas une seule fois. Chaque jour. Chaque heure. Persévérez. Dieu ne vous enlèvera peut-être pas la miséricorde instantanément, mais il vous portera.

DEMANDE DE GROUPE

- Accordez-vous un moment de réflexion silencieuse. Demandez-vous : Ai-je recherché le pouvoir spirituel plutôt que la pureté spirituelle ?
- Priez pour ceux qui souffrent sans relâche. Ne promettez pas une libération immédiate, mais plutôt **un discipulat**.
- Enseignez la différence entre le **fruit de l'Esprit** (Galates 5:22-23) et **les manifestations de l'âme** (tremblements, chaleur, visions).
- Brûlez ou détruisez tout objet New Age : symboles de chakra,

cristaux, tapis de yoga, livres, huiles, « cartes de Jésus ».

Informations clés

Il y a une **limite** à franchir : l'âme devient une porte ouverte et refuse de se refermer. Votre esprit peut être sauvé... mais votre âme et votre corps peuvent encore vivre dans le tourment si vous avez été souillé par la lumière occulte.

Journal de réflexion

- Ai-je jamais recherché le pouvoir, le feu ou la vision prophétique plus que la sainteté et la vérité ?
- Ai-je ouvert des portes grâce aux pratiques du Nouvel Âge « christianisées » ?
- Suis-je prêt à **marcher quotidiennement** avec Dieu même si la délivrance complète prend des années ?

Prière de survie

Père, j'implore ta miséricorde. Je renonce à tout esprit de serpent, à tout pouvoir de la Kundalini, à toute ouverture du troisième œil, à tout faux feu ou à toute contrefaçon du Nouvel Âge que j'aie jamais touchés. Je remets mon âme, si fracturée soit-elle, à Toi. Jésus, sauve-moi non seulement du péché, mais aussi du tourment. Scelle mes portes. Guéris mon esprit. Ferme mes yeux. Écrase le serpent dans mon échine. Je T'attends, même dans la douleur. Et je n'abandonnerai pas. Au nom de Jésus. Amen.

JOUR 33 : L'ESPRIT SERPENT INTÉRIEUR — QUAND LA DÉLIVRANCE ARRIVE TROP TARD

« *Ils ont les yeux remplis d'adultère... ils séduisent les âmes mal affermies... ils ont suivi la voie de Balaam... à qui est réservée l'obscurité des ténèbres pour toujours.* » — 2 Pierre 2:14-17

« *Ne vous y trompez pas : on ne se moque pas de Dieu. L'homme moissonne ce qu'il a semé.* » — Galates 6:7

Il existe une contrefaçon démoniaque qui se fait passer pour l'illumination. Elle guérit, dynamise, donne du pouvoir, mais seulement pour un temps. Elle murmure des mystères divins, ouvre votre « troisième œil », libère la puissance de votre colonne vertébrale, puis **vous asservit dans le tourment**.

C'est **la Kundalini**.

L'**esprit du serpent**.

Le faux « esprit saint » du Nouvel Âge.

Une fois activée – par le yoga, la méditation, les psychédéliques, un traumatisme ou des rituels occultes – cette force s'enroule à la base de la colonne vertébrale et s'élève comme un feu à travers les chakras. Beaucoup y voient un éveil spirituel. En réalité, il s'agit d'**une possession démoniaque** déguisée en énergie divine.

Mais que se passe-t-il quand cela **ne disparaît pas** ?

Histoire vraie – « Je ne peux pas l'éteindre »

Marissa, une jeune chrétienne canadienne, avait pratiqué le « yoga chrétien » avant de donner sa vie au Christ. Elle aimait les sensations de paix, les vibrations, les visions lumineuses. Mais après une séance intense où elle sentit sa colonne vertébrale s'enflammer, elle s'évanouit et se réveilla sans pouvoir respirer. Cette nuit-là, quelque chose commença **à perturber son sommeil**

, tordant son corps, apparaissant comme « Jésus » dans ses rêves, mais se moquant d'elle.

Elle reçut **la délivrance** à cinq reprises. Les esprits partaient, mais revenaient. Sa colonne vertébrale vibrait encore. Ses yeux voyaient constamment dans le monde des esprits. Son corps bougeait involontairement. Malgré le salut, elle traversait désormais un enfer que peu de chrétiens comprenaient. Son esprit était sauvé, mais son âme était **violée, brisée et fragmentée**.

Les conséquences dont personne ne parle

- **Le troisième œil reste ouvert** : visions constantes, hallucinations, bruit spirituel, « anges » mentant.
- **Le corps n'arrête pas de vibrer** : énergie incontrôlable, pression dans le crâne, palpitations cardiaques.
- **Tourment implacable** : même après plus de 10 séances de délivrance.
- **Isolement** : Les pasteurs ne comprennent pas. Les églises ignorent le problème. La personne est qualifiée d'« instable ».
- **La peur de l'enfer** : Non pas à cause du péché, mais à cause du tourment qui refuse de finir.

Les chrétiens peuvent-ils atteindre un point de non-retour ?

Oui, dès cette vie. Vous pouvez être **sauvé**, mais si fragmenté que **votre âme sera tourmentée jusqu'à la mort**.

Il ne s'agit pas d'une campagne de peur. Il s'agit d'un **avertissement prophétique**.

Exemples mondiaux

- **Afrique** – De faux prophètes libèrent le feu de la Kundalini pendant les services — les gens convulsent, écument, rient ou rugissent.
- **Asie** – Les maîtres de yoga s'élèvent vers la « siddhi » (possession démoniaque) et l'appellent conscience divine.
- **Europe/Amérique du Nord** – Mouvements néocharismatiques canalisant les « royaumes de gloire », aboyant, riant, tombant de manière incontrôlable — pas de Dieu.

- **Amérique latine** – Éveils chamaniques utilisant l'ayahuasca (plantes médicinales) pour ouvrir des portes spirituelles qu'ils ne peuvent pas fermer.

Plan d'action — Si vous êtes allé trop loin

1. **Confessez le portail exact** : Kundalini yoga, méditations du troisième œil, églises new age, psychédéliques, etc.
2. **Arrêtez toute recherche de délivrance** : certains esprits tourmentent plus longtemps lorsque vous continuez à les renforcer par la peur.
3. **Ancrez-vous dans les Écritures** QUOTIDIENNEMENT — en particulier le Psaume 119, Ésaïe 61 et Jean 1. Ceux-ci renouvellent l'âme.
4. **Soumettez-vous à la communauté** : Trouvez au moins un croyant rempli du Saint-Esprit avec qui marcher. L'isolement renforce les démons.
5. **Renoncez à toute « vue » spirituelle, à tout feu, à toute connaissance, à toute énergie**, même si cela semble sacré.
6. **Demandez miséricorde à Dieu** — pas une seule fois. Chaque jour. Chaque heure. Persévérez. Dieu ne vous enlèvera peut-être pas la miséricorde instantanément, mais il vous portera.

Demande de groupe

- Accordez-vous un moment de réflexion silencieuse. Demandez-vous : Ai-je recherché le pouvoir spirituel plutôt que la pureté spirituelle ?
- Priez pour ceux qui souffrent sans relâche. Ne promettez pas une libération immédiate, mais plutôt **un discipulat**.
- Enseignez la différence entre le **fruit de l'Esprit** (Galates 5:22-23) et **les manifestations de l'âme** (tremblements, chaleur, visions).
- Brûlez ou détruisez tout objet New Age : symboles de chakra, cristaux, tapis de yoga, livres, huiles, « cartes de Jésus ».

Informations clés

Il y a une **limite** à franchir : l'âme devient une porte ouverte et refuse de se refermer. Votre esprit peut être sauvé... mais votre âme et votre corps peuvent encore vivre dans le tourment si vous avez été souillé par la lumière occulte.

Journal de réflexion

- Ai-je jamais recherché le pouvoir, le feu ou la vision prophétique plus que la sainteté et la vérité ?
- Ai-je ouvert des portes grâce aux pratiques du Nouvel Âge « christianisées » ?
- Suis-je prêt à **marcher quotidiennement** avec Dieu même si la délivrance complète prend des années ?

Prière de survie

Père, j'implore ta miséricorde. Je renonce à tout esprit de serpent, à tout pouvoir de la Kundalini, à toute ouverture du troisième œil, à tout faux feu ou à toute contrefaçon du Nouvel Âge que j'aie jamais touchés. Je remets mon âme, si fracturée soit-elle, à Toi. Jésus, sauve-moi non seulement du péché, mais aussi du tourment. Scelle mes portes. Guéris mon esprit. Ferme mes yeux. Écrase le serpent dans mon échine. Je T'attends, même dans la douleur. Et je n'abandonnerai pas. Au nom de Jésus. Amen.

JOUR 34 : MAÇONS, CODES ET MALÉDICTIONS — Quand la fraternité devient esclavage

« *Ne prenez aucune part aux œuvres infructueuses des ténèbres, mais plutôt dénoncez-les.* » — Éphésiens 5:11

« *Vous ne ferez pas d'alliance avec eux ni avec leurs dieux.* » — Exode 23:32

Les sociétés secrètes promettent succès, relations et sagesse ancestrale. Elles proposent **des serments, des diplômes et des secrets** transmis « pour les hommes de bien ». Mais ce que la plupart ignorent, c'est que ces sociétés sont **des autels d'alliance**, souvent bâtis sur le sang, la tromperie et l'allégeance démoniaque.

De la franc-maçonnerie à la Kabbale, des rosicruciens aux Skull & Bones, ces organisations ne sont pas de simples clubs. Ce sont **des contrats spirituels**, forgés dans l'obscurité et scellés par des rites qui **maudissent des générations**.

Certains se sont joints volontairement. D'autres avaient des ancêtres qui l'ont fait.

Quoi qu'il en soit, la malédiction demeure – jusqu'à ce qu'elle soit brisée.

Un héritage caché — L'histoire de Jason

Jason, un banquier prospère aux États-Unis, avait tout pour lui : une belle famille, la richesse et l'influence. Mais la nuit, il se réveillait en suffoquant, voyait des silhouettes encapuchonnées et entendait des incantations dans ses rêves. Son grand-père était franc-maçon du 33e degré, et Jason portait toujours son anneau.

Un jour, il a prononcé ses vœux maçonniques en plaisantant lors d'une réunion de club, mais à ce moment-là, **quelque chose l'a traversé**. Son esprit s'est effondré. Il a entendu des voix. Sa femme l'a quitté. Il a essayé d'en finir.

Lors d'une retraite, quelqu'un discerna le lien maçonnique. Jason pleura en **renonçant à tous ses serments**, brisa l'anneau et connut une délivrance de trois heures. Cette nuit-là, pour la première fois depuis des années, il dormit en paix.

Son témoignage ?

« On ne plaisante pas avec les autels secrets. Ils parlent, jusqu'à ce qu'on les fasse taire au nom de Jésus. »

WEB MONDIAL DE LA CONFRÉRIE

- **Europe** – La franc-maçonnerie est profondément ancrée dans les affaires, la politique et les confessions religieuses.
- **Afrique** – Illuminati et ordres secrets offrant des richesses en échange d'âmes ; sectes dans les universités.
- **Amérique latine** – Infiltration jésuite et rites maçonniques mêlés au mysticisme catholique.
- **Asie** – Anciennes écoles de mystères, sacerdoces de temple liés à des serments générationnels.
- **Amérique du Nord** – Eastern Star, Scottish Rite, fraternités comme Skull & Bones, élites de Bohemian Grove.

Ces cultes invoquent souvent « Dieu », mais pas le **Dieu de la Bible** — ils font référence au **Grand Architecte**, une force impersonnelle liée à **la lumière luciférienne**.

Signes que vous êtes affecté

- Maladie chronique que les médecins ne peuvent pas expliquer.
- Peur de l'avancement ou peur de rompre avec les systèmes familiaux.
- Rêves de robes, de rituels, de portes secrètes, de loges ou de cérémonies étranges.
- Dépression ou folie chez les hommes.
- Femmes aux prises avec la stérilité, les abus ou la peur.

Plan d'action de délivrance

1. **Renoncez à tous les serments connus** – surtout si vous ou votre famille faisiez partie de la franc-maçonnerie, des rosicruciens, de l'Étoile de l'Est, de la Kabbale ou de toute autre « fraternité ».
2. **Décomposez chaque degré** – de l'apprenti entré au 33e degré, par nom.
3. **Détruisez tous les symboles** – bagues, tabliers, livres, pendentifs, certificats, etc.
4. **Fermez la porte** – spirituellement et légalement par la prière et la déclaration.

Utilisez ces écritures :

- Ésaïe 28:18 — « Votre alliance avec la mort sera annulée. »
- Galates 3:13 — « Christ nous a rachetés de la malédiction de la loi. »
- Ézéchiel 13:20–23 — « Je déchirerai vos voiles et je libérerai mon peuple. »

Demande de groupe

- Demandez si un membre avait des parents ou des grands-parents dans des sociétés secrètes.
- Dirigez une **renonciation guidée** à travers tous les degrés de la franc-maçonnerie (vous pouvez créer un script imprimé pour cela).
- Utilisez des actes symboliques : brûlez une vieille bague ou dessinez une croix sur le front pour annuler le « troisième œil » ouvert lors des rituels.
- Priez pour les esprits, les cous et les dos : ce sont des lieux communs d'esclavage.

Informations clés
La fraternité sans le sang du Christ est une fraternité d'esclavage.
Vous devez choisir : l'alliance avec les hommes ou l'alliance avec Dieu.
Journal de réflexion

- Quelqu'un dans ma famille a-t-il été impliqué dans la franc-

maçonnerie, le mysticisme ou les serments secrets ?
- Ai-je récité ou imité sans le savoir des vœux, des credo ou des symboles liés à des sociétés secrètes ?
- Suis-je prêt à rompre avec la tradition familiale pour marcher pleinement dans l'alliance de Dieu ?

Prière de renonciation

Père, au nom de Jésus, je renonce à toute alliance, serment ou rituel lié à la franc-maçonnerie, à la Kabbale ou à toute société secrète – dans ma vie ou ma lignée. Je brise tout degré, tout mensonge, tout droit démoniaque accordé par des cérémonies ou des symboles. Je déclare que Jésus-Christ est ma seule Lumière, mon seul Architecte et mon seul Seigneur. Je reçois la liberté maintenant, au nom de Jésus. Amen.

JOUR 35 : LES SORCIÈRES DANS LES BANC D'OUVERTURE — QUAND LE MAL ENTRE PAR LES PORTES DE L'ÉGLISE

« *Car de tels hommes sont de faux apôtres, des ouvriers trompeurs, déguisés en apôtres de Christ. Et cela n'est pas étonnant, puisque Satan lui-même se déguise en ange de lumière.* » — 2 Corinthiens 11:13–14

« *Je connais tes œuvres, ton amour et ta foi... Cependant, j'ai ceci contre toi : tu laisses aller la femme Jézabel, qui se dit prophétesse...* » — Apocalypse 2:19–20

La sorcière la plus dangereuse n'est pas celle qui vole la nuit.

C'est celle qui **est assise à côté de vous à l'église**.

Ils ne portent pas de robes noires et ne montent pas sur des balais.

Ils dirigent des réunions de prière, chantent dans des groupes de louange, prophétisent en langues et sont pasteurs d'églises. Et pourtant... ils sont **porteurs de ténèbres**.

Certains savent exactement ce qu'ils font : envoyés comme assassins spirituels.

D'autres sont victimes de sorcellerie ancestrale ou de rébellion, et utilisent des dons **impurs**.

L'Église comme couverture — L'histoire de « Miriam »

Miriam était une ministre de délivrance populaire dans une grande église d'Afrique de l'Ouest. Sa voix ordonnait aux démons de fuir. Des gens voyageaient à travers les nations pour être oints par elle.

Mais Miriam avait un secret : la nuit, elle sortait de son corps. Elle voyait les maisons des membres de l'Église, leurs faiblesses et leurs lignées. Elle pensait que c'était le « prophétique ».

Son pouvoir grandissait, mais son tourment aussi.

Elle commença à entendre des voix. Elle ne parvenait plus à dormir. Ses enfants furent attaqués. Son mari la quitta.

Elle a finalement avoué : elle avait été « activée » enfant par sa grand-mère, une puissante sorcière qui la faisait dormir sous des couvertures maudites.

« Je pensais avoir été rempli du Saint-Esprit. C'était un esprit... mais pas saint. »

Elle a connu la délivrance. Mais le combat n'a jamais cessé. Elle dit :

« Si je n'avais pas avoué, je serais mort sur un autel en feu... à l'église. »

Situations mondiales de sorcellerie cachée dans l'Église

- **Afrique** – Envie spirituelle. Prophètes utilisant la divination, les rituels, les esprits de l'eau. De nombreux autels sont en réalité des portails.
- **Europe** – Médiums se faisant passer pour des « coachs spirituels ». Sorcellerie enveloppée dans un christianisme New Age.
- **Asie** – Des prêtresses de temple pénètrent dans les églises pour lancer des malédictions et surveiller les convertis par le biais du système astral.
- **Amérique latine** – Santería – des « pasteurs » pratiquants qui prêchent la délivrance mais sacrifient des poulets la nuit.
- **Amérique du Nord** – Sorcières chrétiennes se réclamant de « Jésus et du tarot », guérisseurs énergétiques sur les scènes d'église et pasteurs impliqués dans les rites de la franc-maçonnerie.

Signes de sorcellerie opérant dans l'Église

- Ambiance lourde ou confusion pendant le culte.
- Rêves de serpents, de sexe ou d'animaux après les services.
- Les dirigeants tombent soudainement dans le péché ou le scandale.
- Des « prophéties » qui manipulent, séduisent ou font honte.
- Quiconque dit : « Dieu m'a dit que tu étais mon mari/ma femme. »
- Objets étranges trouvés près de la chaire ou des autels.

PLAN D'ACTION DE DÉLIVRANCE

1. **Priez pour le discernement** — Demandez au Saint-Esprit de révéler s'il y a des sorcières cachées dans votre communauté.
2. **Testez tout esprit**, même s'il paraît spirituel (1 Jean 4:1).
3. **Rompre les liens de l'âme** — Si quelqu'un d'impur a prié pour vous, a prophétisé pour vous ou a touché quelqu'un d'impur, **renoncez-y**.
4. **Priez pour votre église** — Déclarez le feu de Dieu pour exposer chaque autel caché, chaque péché secret et chaque sangsue spirituelle.
5. **Si vous êtes victime**, demandez de l'aide. Ne restez pas silencieux ou seul.

Demande de groupe

- Demandez aux membres du groupe : Vous êtes-vous déjà senti mal à l'aise ou spirituellement violé lors d'un service religieux ?
- Dirigez une **prière de purification collective** pour la communauté.
- Oignez chaque personne et déclarez un **pare-feu spirituel** autour des esprits, des autels et des dons.
- Apprenez aux dirigeants à **évaluer les dons** et à **tester les esprits** avant d'autoriser les gens à occuper des rôles visibles.

Informations clés

Ceux qui disent « Seigneur, Seigneur » ne viennent pas tous du Seigneur.

L'Église est le **principal champ de bataille** de la contamination spirituelle, mais aussi le lieu de guérison lorsque la vérité est respectée.

Journal de réflexion

- Ai-je reçu des prières, des enseignements ou un mentorat de la part de quelqu'un dont la vie a porté des fruits impies ?
- Y a-t-il des moments où je me suis senti « mal » après l'église, mais je l'ai ignoré ?
- Suis-je prêt à affronter la sorcellerie même si elle porte un costume ou chante sur scène ?

Prière d'exposition et de liberté

Seigneur Jésus, je te remercie d'être la vraie Lumière. Je te demande maintenant de démasquer tout agent des ténèbres qui opère dans ma vie et dans ma communion. Je renonce à toute transmission impie, fausse prophétie ou lien d'âme que j'ai reçu d'imposteurs spirituels. Purifie-moi par ton sang. Purifie mes dons. Garde mes portes. Brûle tout esprit contrefait par ton feu sacré. Au nom de Jésus. Amen.

JOUR 36 : SORTS CODÉS — QUAND LES CHANSONS, LA MODE ET LES FILMS DEVIENNENT DES PORTAILS

« *Ne prenez aucune part aux œuvres infructueuses des ténèbres, mais dénoncez-les.* » — Éphésiens 5:11

« *Ne vous laissez pas entraîner par les mythes impies et les contes de vieilles femmes ; mais exercez-vous à être pieux.* » — 1 Timothée 4:7

Toutes les batailles ne commencent pas par un sacrifice sanglant.

Certaines commencent par un **rythme**,

une mélodie, des paroles accrocheuses qui vous restent en mémoire, ou un **symbole** sur vos vêtements que vous trouviez « cool ».

Ou une émission « inoffensive » que vous regardez en boucle tandis que les démons sourient dans l'ombre.

Dans le monde hyperconnecté d'aujourd'hui, la sorcellerie est **codée**, cachée à **la vue de tous** à travers les médias, la musique, les films et la mode.

Un son assombri — Histoire vraie : « Le casque »

Elijah, un jeune Américain de 17 ans, a commencé à souffrir de crises de panique, d'insomnies et de rêves démoniaques. Ses parents chrétiens pensaient que c'était dû au stress.

Mais lors d'une séance de délivrance, le Saint-Esprit a demandé à l'équipe de s'enquérir de sa **musique**.

Il a avoué : « J'écoute du trap metal. Je sais que c'est sombre... mais ça m'aide à me sentir puissant. »

Lorsque l'équipe a joué l'une de ses chansons préférées pendant la prière, une **manifestation** s'est produite.

Les rythmes étaient encodés avec **des chants issus** de rituels occultes. Un masquage à l'envers révélait des phrases comme « soumettez votre âme » et « Lucifer parle ».

Une fois qu'Élie eut supprimé la musique, s'était repenti et avait renoncé à la connexion, la paix revint.

La guerre était entrée par ses **portes d'oreille**.

Modèles de programmation globaux

- **Afrique** – Chansons afrobeat liées à des rituels d'argent ; références au « juju » cachées dans les paroles ; marques de mode avec des symboles du royaume marin.
- **Asie** – K-pop avec des messages subliminaux sexuels et spirituels ; personnages d'anime imprégnés de traditions démoniaques shintoïstes.
- **Amérique latine** – Reggaeton poussant des chants de Santería et des sorts codés à l'envers.
- **Europe** – Les maisons de couture (Gucci, Balenciaga) intègrent des images et des rituels sataniques dans la culture des défilés.
- **Amérique du Nord** – Films hollywoodiens codés avec la sorcellerie (Marvel, films d'horreur, films « lumière contre obscurité ») ; dessins animés utilisant le lancer de sorts comme divertissement.

Common Entry Portals (and Their Spirit Assignments)

Media Type	Portal	Demonic Assignment
Music	Beats/samples from rituals	Torment, violence, rebellion
TV Series	Magic, lust, murder glorification	Desensitization, soul dulling
Fashion	Symbols (serpent, eye, goat, triangles)	Identity confusion, spiritual binding
Video Games	Sorcery, blood rites, avatars	Astral transfer, addiction, occult alignment
Social Media	Trends on "manifestation," crystals, spells	Sorcery normalization

PLAN D'ACTION – DISCERNER, détoxifier, défendre

1. **Vérifiez votre playlist, votre garde-robe et votre historique de visionnage**. Repérez les contenus occultes, lascifs, rebelles ou violents.
2. **Demandez au Saint-Esprit de dénoncer** toute influence impie.
3. **Supprimez et détruisez**. Ne vendez ni ne donnez. Brûlez ou jetez tout ce qui est démoniaque, physique ou numérique.
4. **Oignez vos appareils**, votre espace et vos oreilles. Déclarez-les sanctifiés pour la gloire de Dieu.
5. **Remplacez par la vérité** : musique d'adoration, films pieux, livres et lectures des Écritures qui renouvellent votre esprit.

Demande de groupe

- Menez les membres à un « inventaire des médias ». Demandez à chacun d'écrire les émissions, les chansons ou les objets qu'il soupçonne d'être des portails.
- Priez avec vos téléphones et vos écouteurs. Oignez-les.
- Faites un jeûne détox en groupe : de 3 à 7 jours sans médias profanes. Nourrissez-vous uniquement de la Parole de Dieu, de son culte et de la communion fraternelle.
- Témoignez des résultats lors de la prochaine réunion.

Informations clés
Les démons n'ont plus besoin d'un sanctuaire pour entrer chez vous. Il leur suffit de votre consentement pour lancer la lecture.

Journal de réflexion

- Qu'ai-je regardé, entendu ou porté qui pourrait être une porte ouverte à l'oppression ?
- Suis-je prêt à abandonner ce qui m'amuse si cela m'asservit également ?

- Ai-je normalisé la rébellion, la luxure, la violence ou la moquerie au nom de « l'art » ?

PRIÈRE DE PURIFICATION

Seigneur Jésus, je viens à Toi pour te demander une détox spirituelle complète. Dévoile tous les sorts codés que j'ai laissés entrer dans ma vie par la musique, la mode, les jeux ou les médias. Je me repens d'avoir regardé, porté et écouté ce qui te déshonore. Aujourd'hui, je romps les liens de mon âme. Je chasse tout esprit de rébellion, de sorcellerie, de convoitise, de confusion ou de tourment. Purifie mes yeux, mes oreilles et mon cœur. Je te consacre désormais mon corps, mes médias et mes choix. Au nom de Jésus. Amen.

JOUR 37 : LES AUTELS INVISIBLES DU POUVOIR — FRANCS-MAÇONS, KABBALE ET ÉLITES OCCULTES

« *Le diable le transporta encore sur une très haute montagne, et lui montra tous les royaumes du monde et leur splendeur. Il lui dit : « Je te donnerai tout cela, si tu te prosternes et m'adores. »* — Matthieu 4:8-9

« *Vous ne pouvez boire la coupe du Seigneur et la coupe des démons ; vous ne pouvez avoir part à la fois à la table du Seigneur et à la table des démons. »* — 1 Corinthiens 10:21

Il y a des autels cachés non pas dans des grottes, mais dans des salles de réunion.

Les esprits ne se trouvent pas seulement dans la jungle, mais aussi dans les halls gouvernementaux, les tours financières, les bibliothèques de l'Ivy League et les sanctuaires déguisés en « églises ».

Bienvenue dans le royaume de l' **élite occulte** :

francs-maçons, rosicruciens, kabbalistes, ordres jésuites, Étoiles de l'Est et sacerdoces lucifériens cachés qui **dissimulent leur dévotion à Satan sous des rituels, des secrets et des symboles**. Leurs dieux sont la raison, le pouvoir et le savoir ancestral, mais leurs **âmes sont vouées aux ténèbres**.

Caché à la vue de tous

- **La franc-maçonnerie** se présente comme une fraternité de bâtisseurs — pourtant ses degrés supérieurs invoquent des entités démoniaques, prêtent des serments de mort et exaltent Lucifer comme « porteur de lumière ».
- **La Kabbale** promet un accès mystique à Dieu — mais elle remplace subtilement Yahweh par des cartes d'énergie cosmique et de la numérologie.

- **Le mysticisme jésuite**, dans ses formes corrompues, mélange souvent l'imagerie catholique avec la manipulation spirituelle et le contrôle des systèmes mondiaux.
- **Hollywood, la mode, la finance et la politique** véhiculent tous des messages codés, des symboles et **des rituels publics qui sont en réalité des services d'adoration à Lucifer**.

Nul besoin d'être célèbre pour être affecté. Ces systèmes **polluent les nations** de différentes manières :

- Programmation médiatique
- Systèmes éducatifs
- Compromis religieux
- Dépendance financière
- Rituels déguisés en « initiations », « promesses » ou « accords de marque »

Histoire vraie – « La Loge a ruiné ma lignée »

Salomon (nom modifié), un magnat des affaires prospère originaire du Royaume-Uni, rejoignit une loge maçonnique pour développer son réseau. Il gravit rapidement les échelons, gagnant richesse et prestige. Mais il commença aussi à faire des cauchemars terrifiants : des hommes masqués l'invoquaient, des serments de sang, des animaux sombres le poursuivaient. Sa fille commença à se mutiler, prétendant qu'une « présence » l'y avait poussée.

Une nuit, il vit dans sa chambre un homme – mi-humain, mi-chacal – qui lui dit : « *Tu es à moi. Le prix a été payé.* » Il s'adressa à un ministère de délivrance. Il lui fallut **sept mois de renoncement, de jeûne, de rituels de vomissements et de remplacement de tous les liens occultes** – avant que la paix ne vienne.

Il découvrit plus tard que **son grand-père était franc-maçon du 33e degré. Il n'avait fait que perpétuer l'héritage sans le savoir.**

Portée mondiale

- **Afrique** – Sociétés secrètes entre chefs tribaux, juges, pasteurs — jurant allégeance à des serments de sang en échange du pouvoir.

- **Europe** – Chevaliers de Malte, loges illuministes et universités ésotériques d'élite.
- **Amérique du Nord** – Fondations maçonniques dans la plupart des documents fondateurs, des structures judiciaires et même des églises.
- **Asie** – Cultes de dragons cachés, ordres ancestraux et groupes politiques enracinés dans des hybrides bouddhisme-chamanisme.
- **Amérique latine** – Cultes syncrétiques mêlant saints catholiques et esprits lucifériens comme Santa Muerte ou Baphomet.

Plan d'action — S'échapper des autels d'élite

1. **Renoncez** à toute implication dans la franc-maçonnerie, l'Étoile de l'Est, les serments jésuites, les livres gnostiques ou les systèmes mystiques — même à l'étude « académique » de ceux-ci.
2. **Détruisez** les insignes, les bagues, les épingles, les livres, les tabliers, les photos et les symboles.
3. **Brisez les jurons**, en particulier les serments de mort et les vœux d'initiation. Utilisez Ésaïe 28:18 (« Votre alliance avec la mort sera annulée... »).
4. **Jeûnez 3 jours** en lisant Ézéchiel 8, Ésaïe 47 et Apocalypse 17.
5. **Remplacez l'autel** : consacrez-vous à nouveau à l'autel du Christ seul (Romains 12:1–2). Communion. Adoration. Onction.

Tu ne peux pas être à la fois dans les cours du ciel et dans celles de Lucifer. Choisis ton autel.

Demande de groupe

- Dressez la liste des organisations d'élite courantes dans votre région — et priez directement contre leur influence spirituelle.
- Organisez une séance où les membres peuvent confesser en toute confidentialité si leurs familles ont été impliquées dans la franc-maçonnerie ou des sectes similaires.
- Apportez de l'huile et la communion — menez une renonciation massive aux serments, aux rituels et aux sceaux faits en secret.
- Brisez l'orgueil — rappelez au groupe : **aucun accès ne vaut votre**

âme.

Informations clés

Les sociétés secrètes promettent la lumière. Mais seul Jésus est la Lumière du monde. Tout autre autel exige du sang, mais ne peut sauver.

Journal de réflexion

- Quelqu'un de ma lignée était-il impliqué dans des sociétés secrètes ou des « ordres » ?
- Ai-je lu ou possédé des livres occultes déguisés en textes académiques ?
- Quels symboles (pentagrammes, yeux qui voient tout, soleils, serpents, pyramides) sont cachés dans mes vêtements, mes œuvres d'art ou mes bijoux ?

Prière de renonciation

Père, je renonce à toute société secrète, loge, serment, rituel ou autel non fondé sur Jésus-Christ. Je brise les alliances de mes pères, de ma lignée et de ma propre bouche. Je rejette la franc-maçonnerie, la Kabbale, le mysticisme et tout pacte secret conclu pour le pouvoir. Je détruis tout symbole, tout sceau et tout mensonge qui promettait la lumière mais livrait à l'esclavage. Jésus, je t'intronise à nouveau comme mon seul Maître. Fais briller ta lumière dans chaque recoin secret. En ton nom, je marche libre. Amen.

JOUR 38 : ALLIANCES DE L'UTÉRUS ET ROYAUMES DE L'EAU — QUAND LE DESTIN EST SOUILLÉ AVANT LA NAISSANCE

« *Les méchants sont égarés dès le ventre maternel ; ils s'égarent dès leur naissance, proférant des mensonges.* » — Psaume 58:3

« *Avant de te former dans le ventre maternel, je te connaissais ; avant que tu sortes du sein maternel, je t'avais consacré...* » — Jérémie 1:5

Et si les batailles que vous menez ne commençaient pas par vos choix, mais par votre conception ?

Et si votre nom était prononcé dans des endroits sombres alors que vous étiez encore dans l'utérus ?

Et si **votre identité était échangée**, votre **destin vendu** et votre **âme marquée** — avant même que vous ne preniez votre premier souffle ?

C'est la réalité de **l'initiation sous-marine**, des **alliances spirituelles marines** et **des revendications occultes sur l'utérus** qui **lient les générations**, en particulier dans les régions où les rituels ancestraux et côtiers sont profonds.

Le Royaume de l'Eau — Le Trône de Satan en contrebas

Dans le royaume invisible, Satan ne règne **pas seulement sur les airs**. Il gouverne également **le monde marin** : un vaste réseau démoniaque d'esprits, d'autels et de rituels sous les océans, les rivières et les lacs.

Les esprits marins (communément appelés *Mami Wata*, *Reine de la Côte*, *épouses/époux spirituels*, etc.) sont responsables de :

- Décès prématuré
- Stérilité et fausses couches
- Bondage sexuel et rêves
- Tourment mental

- Affections chez les nouveau-nés
- Modèles de croissance et de chute des entreprises

Mais comment ces esprits parviennent-ils à obtenir **un terrain juridique ?**
Dans l'utérus.
Initiations invisibles avant la naissance

- **Dédicaces ancestrales** – Un enfant « promis » à une divinité s'il naît en bonne santé.
- **Prêtresses occultes** touchant l'utérus pendant la grossesse.
- **Noms d'alliance** donnés par la famille — honorant sans le savoir les reines marines ou les esprits.
- **Rituels de naissance** effectués avec de l'eau de rivière, des charmes ou des herbes provenant de sanctuaires.
- **Enterrement du cordon ombilical** avec incantations.
- **Grossesse dans des environnements occultes** (par exemple, loges de franc-maçonnerie, centres new age, sectes polygames).

Certains enfants naissent déjà esclaves. C'est pourquoi ils hurlent violemment à la naissance : leur esprit perçoit l'obscurité.

Histoire vraie – « Mon bébé appartenait à la rivière »

Jessica, originaire de Sierra Leone, essayait de concevoir depuis cinq ans. Elle est finalement tombée enceinte après qu'un « prophète » lui ait donné un savon pour se laver et une huile pour se frotter le ventre. Le bébé est né vigoureux, mais à trois mois, il a commencé à pleurer sans arrêt, toujours la nuit. Il détestait l'eau, hurlait pendant les bains et tremblait de façon incontrôlable lorsqu'on l'emmenait près de la rivière.

Un jour, son fils fut pris de convulsions et mourut pendant 4 minutes. Il reprit vie et **commença à parler pleinement à 9 mois** : « Je n'appartiens pas à ce lieu. J'appartiens à la Reine. »

Terrifiée, Jessica chercha la délivrance. L'enfant ne fut libéré qu'après 14 jours de jeûne et de prières de renonciation ; son mari dut détruire une idole familiale cachée dans son village pour que le supplice cesse.

Les bébés ne naissent pas sans rien. Ils naissent dans des batailles que nous devons mener en leur nom.

PARALLÈLES MONDIAUX

- **Afrique** – Autels fluviaux, dédicaces de Mami Wata, rituels du placenta.
- **Asie** – Esprits de l'eau invoqués lors des naissances bouddhistes ou animistes.
- **Europe** – Alliances druidiques de sages-femmes, rites ancestraux de l'eau, dédicaces franc-maçonniques.
- **Amérique latine** – Nommage Santeria, esprits des rivières (par exemple, Oshun), naissance selon les cartes astrologiques.
- **Amérique du Nord** – Rituels d'accouchement New Age, hypno-birthing avec des guides spirituels, « cérémonies de bénédiction » par des médiums.

Signes de servitude initiée par l'utérus

- Répétition des schémas de fausses couches à travers les générations
- Terreurs nocturnes chez les nourrissons et les enfants
- Infertilité inexpliquée malgré l'autorisation médicale
- Rêves d'eau constants (océans, inondations, natation, sirènes)
- Peur irrationnelle de l'eau ou de la noyade
- Se sentir « revendiqué » — comme si quelque chose nous observait depuis notre naissance

---

Plan d'action — Briser l'alliance de l'utérus

1. **Demandez au Saint-Esprit** de vous révéler si vous (ou votre enfant) avez été initié par des rituels de l'utérus.
2. **Renoncez** à toute alliance conclue pendant la grossesse, consciemment ou non.
3. **Priez sur votre propre histoire de naissance** — même si votre mère n'est pas disponible, parlez en tant que gardien spirituel légal de votre vie.

4. **Jeûnez avec Isaïe 49 et le Psaume 139** – pour récupérer votre plan divin.
5. **Si vous êtes enceinte** : Oignez votre ventre et parlez quotidiennement de votre enfant à naître :

« Vous êtes mis à part pour le Seigneur. Aucun esprit d'eau, de sang ou de ténèbres ne vous possédera. Vous appartenez à Jésus-Christ – corps, âme et esprit. »

Demande de groupe

- Demandez aux participants d'écrire ce qu'ils savent de leur histoire de naissance, y compris les rituels, les sages-femmes ou les événements de dénomination.
- Encouragez les parents à consacrer à nouveau leurs enfants dans un « service de baptême et d'alliance centré sur le Christ ».
- Dirigez les prières pour briser les alliances liées à l'eau en utilisant *Ésaïe 28:18*, *Colossiens 2:14* et *Apocalypse 12:11*.

Informations clés

Le ventre maternel est une porte – et celui qui le franchit y entre souvent avec un bagage spirituel. Mais aucun autel du ventre maternel n'est plus grand que la Croix.

Journal de réflexion

- Y a-t-il eu des objets, des huiles, des charmes ou des noms impliqués dans ma conception ou ma naissance ?
- Est-ce que je ressens des attaques spirituelles qui ont commencé dans l'enfance ?
- Ai-je transmis sans le savoir des alliances marines à mes enfants ?

Prière de libération

Père céleste, tu me connaissais avant ma formation. Aujourd'hui, je brise toute alliance cachée, tout rituel d'eau et toute consécration démoniaque faits à ma naissance ou avant. Je rejette toute affirmation d'esprits marins, d'esprits familiers ou d'autels maternels générationnels.

Que le sang de Jésus réécrive l'histoire de ma naissance et celle de mes enfants. Je suis né de l'Esprit, non d'autels d'eau. Au nom de Jésus. Amen.

JOUR 39 : BAPTISÉ D'EAU DANS L'ESCLAVAGE — COMMENT LES NOURRISSONS, LES INITIALES ET LES ALLIANCES INVISIBLES OUVRENT DES PORTES

« *Ils ont versé le sang innocent, le sang de leurs fils et de leurs filles, qu'ils ont sacrifiés aux idoles de Canaan, et le pays a été profané par leur sang.* » — Psaume 106:38

« *Peut-on enlever le butin aux guerriers, ou délivrer des captifs des mains des hommes violents ?* » *Mais voici ce que dit l'Éternel :* « *Oui, des captifs seront enlevés aux guerriers, et le butin sera repris aux hommes violents...* » — Ésaïe 49:24–25

De nombreux destins n'ont pas seulement été **bouleversés à l'âge adulte** : ils ont été **détournés dès l'enfance**.

Cette cérémonie de baptême apparemment innocente...

Ce plongeon décontracté dans l'eau de la rivière « pour bénir l'enfant »...

La pièce dans la main... La coupure sous la langue... L'huile d'une « grand-mère spirituelle »... Même les initiales données à la naissance...

Ils peuvent tous sembler culturels, traditionnels, inoffensifs.

Mais le royaume des ténèbres **se cache dans la tradition**, et de nombreux enfants ont été **secrètement initiés** avant même de pouvoir dire « Jésus ».

Histoire vraie – « J'ai été nommé par la rivière »

En Haïti, un garçon prénommé Malick a grandi avec une étrange peur des rivières et des orages. Tout petit, sa grand-mère l'a emmené près d'un ruisseau pour le « présenter aux esprits » afin de le protéger. Il a commencé à entendre des voix à 7 ans. À 10 ans, il recevait des visites nocturnes. À 14 ans, il a tenté de se suicider après avoir senti une « présence » toujours à ses côtés.

Lors d'une réunion de délivrance, les démons se sont manifestés violemment, criant : « Nous sommes entrés par la rivière ! On nous a appelés par nos noms ! » Son nom, « Malick », faisait partie d'une tradition spirituelle pour « honorer la reine de la rivière ». Jusqu'à ce qu'il soit rebaptisé en Christ, les tourments ont continué. Il exerce désormais un ministère de délivrance auprès des jeunes pris dans des pratiques ancestrales.

Comment cela se produit — Les pièges cachés

1. **Les initiales comme alliances**
   Certaines initiales, en particulier celles liées aux noms ancestraux, aux dieux de la famille ou aux divinités de l'eau (par exemple, « MM » = Mami/Marine ; « OL » = Oya/Lignée Orisha), agissent comme des signatures démoniaques.
2. **Les baptêmes des nourrissons dans les rivières/ruisseaux,** effectués « pour la protection » ou la « purification », sont souvent **des baptêmes dans les esprits marins**.
3. **Cérémonies de dénomination secrètes**
   Au cours desquelles un autre nom (différent du nom public) est murmuré ou prononcé devant un autel ou un sanctuaire.
4. **Rituels de marquage de naissance**
   Des huiles, des cendres ou du sang sont placés sur le front ou les membres pour « marquer » un enfant aux esprits.
5. **Enterrements de cordons ombilicaux alimentés par l'eau**
   Cordons ombilicaux jetés dans les rivières, les ruisseaux ou enterrés avec des incantations d'eau, attachant l'enfant à des autels d'eau.

Si vos parents ne vous ont pas engagé à Christ, il y a de fortes chances que quelqu'un d'autre vous ait réclamé.

Pratiques mondiales occultes de liaison à l'utérus

- **Afrique** – Nommer les bébés d'après les divinités du fleuve, enterrer les cordes près des autels marins.
- **Caraïbes/Amérique latine** – Rituels de baptême Santeria, dédicaces de style Yoruba avec des herbes et des objets de la rivière.
- **Asie** – Rituels hindous impliquant l'eau du Gange, dénomination

calculée astrologiquement liée aux esprits élémentaires.
- **Europe** – Traditions de dénomination druidiques ou ésotériques invoquant les gardiens de la forêt/de l'eau.
- **Amérique du Nord** – Dédicaces rituelles autochtones, bénédictions de bébés Wicca modernes, cérémonies de baptême New Age invoquant des « guides anciens ».

Comment puis-je le savoir ?

- Tourments inexpliqués de la petite enfance, maladies ou « amis imaginaires »
- Rêves de rivières, de sirènes, d'être poursuivi par l'eau
- Aversion pour les églises mais fascination pour les choses mystiques
- Un profond sentiment d'être « suivi » ou observé depuis la naissance
- Découvrir un deuxième nom ou une cérémonie inconnue liée à votre enfance

---

Plan d'action – Rédempter l'enfance

1. **Demandez au Saint-Esprit** : Que s'est-il passé à ma naissance ? Quelles mains spirituelles m'ont touché ?
2. **Renoncez à toute consécration cachée**, même si elle est faite dans l'ignorance : « Je rejette toute alliance faite en mon nom qui n'était pas avec le Seigneur Jésus-Christ. »
3. **Rompre les liens avec les noms, les initiales et les symboles ancestraux**.
4. **Utilisez Ésaïe 49:24-26, Colossiens 2:14 et 2 Corinthiens 5:17** pour déclarer votre identité en Christ.
5. Si nécessaire, **organisez une cérémonie de re-consécration** : présentez-vous (ou vos enfants) à Dieu à nouveau et déclarez de nouveaux noms si vous y êtes invité.

DEMANDE DE GROUPE

- Invitez les participants à rechercher l'histoire de leur nom.
- Créez un espace pour un changement de nom spirituel si cela est demandé — permettez aux gens de revendiquer des noms comme « David », « Esther » ou des identités guidées par l'esprit.
- Dirigez le groupe dans un *rebaptême symbolique* de consécration — non pas par immersion dans l'eau, mais par onction et par alliance fondée sur la parole avec Christ.
- Demandez aux parents de rompre les alliances concernant leurs enfants dans la prière : « Vous appartenez à Jésus — aucun esprit, aucune rivière ou aucun lien ancestral n'a de fondement légal. »

Informations clés

Votre commencement compte. Mais il ne doit pas nécessairement définir votre fin. Toute revendication d'un fleuve peut être brisée par le fleuve du sang de Jésus.

Journal de réflexion

- Quels noms ou initiales m'ont - ils donnés et que signifient-ils ?
- Y a-t-il des rituels secrets ou culturels pratiqués à ma naissance auxquels je dois renoncer ?
- Ai-je vraiment consacré ma vie – mon corps, mon âme, mon nom et mon identité – au Seigneur Jésus-Christ ?

Prière de rédemption

Père divin, je viens devant Toi au nom de Jésus. Je renonce à toute alliance, consécration et rituel accomplis à ma naissance. Je rejette toute dénomination, initiation par l'eau et toute revendication ancestrale. Que ce soit par des initiales, une dénomination ou des autels cachés, j'annule tout droit démoniaque sur ma vie. Je déclare maintenant que je suis pleinement à Toi. Mon nom est inscrit dans le Livre de Vie. Mon passé est couvert par le sang de Jésus et mon identité est scellée par le Saint-Esprit. Amen.

JOUR 40 : DE LIVRÉ À LIVRE — VOTRE DOULEUR EST VOTRE ORDONNANCE

« *Mais le peuple qui connaît son Dieu sera fort et accomplira des exploits.* » — Daniel 11:32

« *Alors l'Éternel suscita des juges, qui les sauvèrent de la main de ces pillards.* » — Juges 2:16

Vous n'avez pas été envoyés pour rester assis tranquillement à l'église.

Vous n'avez pas été libérés simplement pour survivre. Vous avez été envoyés **pour délivrer les autres**.

Le même Jésus qui guérit le démoniaque dans Marc 5 le renvoya en Décapole pour raconter l'histoire. Pas de séminaire. Pas d'ordination. Juste un **témoignage brûlant** et une bouche enflammée.

Tu es cet homme. Cette femme. Cette famille. Cette nation.

La douleur que tu as endurée est désormais ton arme.

Le tourment auquel tu as échappé est ta trompette. Ce qui te maintenait dans les ténèbres devient désormais le **théâtre de ta domination.**

Histoire vraie – De la mariée marine au ministre de la délivrance

Rebecca, originaire du Cameroun, était l'ancienne épouse d'un esprit marin. Elle fut initiée à l'âge de 8 ans lors d'une cérémonie de baptême sur la côte. À 16 ans, elle avait des relations sexuelles en rêve, contrôlait les hommes avec ses yeux et avait provoqué de nombreux divorces par sorcellerie. On la surnommait « la jolie malédiction ».

Lorsqu'elle a découvert l'Évangile à l'université, ses démons se sont déchaînés. Il lui a fallu six mois de jeûne, de délivrance et de profond discipulat avant d'être libérée.

Aujourd'hui, elle organise des conférences de délivrance pour les femmes à travers l'Afrique. Des milliers de personnes ont été libérées grâce à son obéissance.

Et si elle était restée silencieuse ?

L'essor apostolique — Les libérateurs mondiaux naissent

- **En Afrique**, d'anciens sorciers fondent désormais des églises.
- **En Asie**, d'anciens bouddhistes prêchent le Christ dans des maisons secrètes.
- **En Amérique latine**, d'anciens prêtres de la Santeria brisent désormais des autels.
- **En Europe**, d'anciens occultistes dirigent des études bibliques explicatives en ligne.
- **En Amérique du Nord**, les survivants des tromperies du Nouvel Âge dirigent chaque semaine des séances de délivrance sur Zoom.

Ce sont **les improbables**, les brisés, les anciens esclaves des ténèbres marchant maintenant dans la lumière — et **vous êtes l'un d'eux**.

Plan d'action final – Entrez dans votre appel

1. **Écrivez votre témoignage**, même si vous le trouvez banal. Quelqu'un a besoin de votre témoignage de liberté.
2. **Commencez petit** : priez pour un ami. Organisez une étude biblique. Partagez votre processus de délivrance.
3. **N'arrêtez jamais d'apprendre** — Les libérateurs restent dans la Parole, restent repentants et restent vigilants.
4. **Couvrez votre famille** — Déclarez chaque jour que les ténèbres s'arrêtent avec vous et vos enfants.
5. **Déclarez des zones de guerre spirituelles** : votre lieu de travail, votre domicile, votre rue. Soyez-en le gardien.

Mise en service de groupe

Aujourd'hui, ce n'est pas seulement une dévotion, c'est une **cérémonie de mise en service**.

- Oignez-vous mutuellement la tête d'huile et dites :

« Tu es livré pour délivrer. Lève-toi, Juge de Dieu. »

- Déclarez à haute voix en groupe :

« Nous ne sommes plus des survivants. Nous sommes des guerriers. Nous portons la lumière, et les ténèbres tremblent. »

- Désignez des groupes de prière ou des partenaires de responsabilité pour continuer à grandir en audace et en impact.

Informations clés

La plus grande vengeance contre le royaume des ténèbres n'est pas seulement la liberté.

C'est la multiplication.

Journal de réflexion finale

- Quel a été le moment où j'ai su que j'étais passé de l'obscurité à la lumière ?
- Qui a besoin d'entendre mon histoire ?
- Par où puis-je commencer à faire briller la lumière intentionnellement cette semaine ?
- Suis-je prêt à être moqué, incompris et résisté – pour libérer les autres ?

Prière de mise en service

Père Dieu, je te remercie pour ces 40 jours de feu, de liberté et de vérité. Tu ne m'as pas sauvé juste pour me protéger ; tu m'as délivré pour délivrer les autres. Aujourd'hui, je reçois ce manteau. Mon témoignage est une épée. Mes cicatrices sont des armes. Mes prières sont des marteaux. Mon obéissance est une adoration. Je marche maintenant au nom de Jésus – tel un allumeur de feu, un libérateur, un porteur de lumière. Je suis à toi. Les ténèbres n'ont pas leur place en moi, ni autour de moi. Je prends ma place. Au nom de Jésus. Amen.

DÉCLARATION QUOTIDIENNE DE DÉLIVRANCE ET DE DOMINATION À 360° – Partie 1

« *Aucune arme forgée contre toi ne réussira, et toute langue qui s'élèvera contre toi en jugement, tu la condamneras. Tel est l'héritage des serviteurs de l'Éternel...* » — Ésaïe 54:17

Aujourd'hui et chaque jour, je prends pleinement ma place en Christ — esprit, âme et corps.

Je ferme toutes les portes – connues et inconnues – du royaume des ténèbres.

Je romps tout contact, contrat, alliance ou communion avec les autels maléfiques, les esprits ancestraux, les conjoints spirituels, les sociétés occultes, la sorcellerie et les alliances démoniaques — par le sang de Jésus !

Je déclare ne pas être à vendre. Je ne suis pas accessible. Je ne suis pas recrutable. Je ne suis pas réinitié.

Tout rappel satanique, toute surveillance spirituelle ou toute invocation maléfique — soyez dispersés par le feu, au nom de Jésus !

Je m'attache à la pensée du Christ, à la volonté du Père et à la voix du Saint-Esprit.

Je marche dans la lumière, la vérité, la puissance, la pureté et un but précis.

J'ai fermé tous les troisièmes yeux, toutes les portes psychiques et tous les portails impies ouverts par les rêves, les traumatismes, le sexe, les rituels, les médias ou les faux enseignements.

Que le feu de Dieu consume tout dépôt illégal dans mon âme, au nom de Jésus.

Je parle à l'air, à la terre, à la mer, aux étoiles et au ciel : vous ne vous opposerez pas à moi.

Que tout autel caché, tout agent, tout observateur ou tout démon chuchotant assigné à ma vie, à ma famille, à ma vocation ou à mon territoire soit désarmé et réduit au silence par le sang de Jésus !

Je plonge mon esprit dans la Parole de Dieu.

Je déclare que mes rêves sont sanctifiés. Mes pensées sont protégées. Mon sommeil est saint. Mon corps est un temple de feu.

À partir de maintenant, je marche dans une délivrance à 360 degrés : rien n'est caché, rien n'est oublié.

Tout lien persistant est brisé. Tout joug générationnel est brisé. Tout péché non repenti est exposé et purifié.

Je déclare :

- **L'obscurité n'a aucun pouvoir sur moi.**
- **Ma maison est une zone d'incendie.**
- **Mes portes sont scellées dans la gloire.**
- **Je vis dans l'obéissance et je marche dans la puissance.**

Je me lève pour libérer ma génération.

Je ne regarderai pas en arrière. Je ne reculerai pas. Je suis lumière. Je suis feu. Je suis libre. Au nom puissant de Jésus. Amen !

DÉCLARATION QUOTIDIENNE DE DÉLIVRANCE ET DE DOMINATION À 360° – Partie 2

Protection contre la sorcellerie, la magie, les nécromanciens, les médiums et les canaux démoniaques

Délivrance pour vous-même et pour les autres sous leur influence ou leur esclavage

Purification et couverture par le sang de Jésus

Restauration de la solidité, de l'identité et de la liberté en Christ

Protection et liberté contre la sorcellerie, les médiums, les nécromanciens et l'esclavage spirituel

(par le sang de Jésus et la parole de notre témoignage)

« Et ils l'ont vaincu à cause du sang de l'agneau et à cause de la parole de leur témoignage... »

— *Apocalypse 12:11*

« L'Éternel... déjoue les signes des faux prophètes et rend fous les devins... il confirme la parole de son serviteur et accomplit le conseil de ses envoyés. »

— *Ésaïe 44:25–26*

« L'Esprit du Seigneur est sur moi... pour proclamer aux captifs la délivrance et aux prisonniers la délivrance... »

— *Luc 4:18*

PRIÈRE D'OUVERTURE :

Père Dieu, je viens aujourd'hui avec assurance par le sang de Jésus. Je reconnais la puissance de ton nom et déclare que toi seul es mon libérateur et mon défenseur. Je me tiens comme ton serviteur et ton témoin, et je proclame ta Parole avec assurance et autorité aujourd'hui.

DÉCLARATIONS DE PROTECTION ET DE DÉLIVRANCE

1. Délivrance de la sorcellerie, des médiums, des nécromanciens et de l'influence spirituelle :

- Je **brise et renonce** à toute malédiction, sort, divination, enchantement, manipulation, surveillance, projection astrale ou lien d'âme - prononcé ou mis en œuvre - par la sorcellerie, la nécromancie, les médiums ou les canaux spirituels.
- Je **déclare** que le **sang de Jésus** est contre tout esprit impur qui cherche à me lier, à me distraire, à me tromper ou à me manipuler, moi ou ma famille.
- J'ordonne que **toute interférence spirituelle, possession, oppression ou servitude de l'âme** soit brisée maintenant par l'autorité au nom de Jésus-Christ.
- Je vous annonce **la délivrance pour moi-même et pour toute personne, consciemment ou non, sous l'influence de la sorcellerie ou d'une fausse lumière** . Sortez maintenant ! Soyez libres, au nom de Jésus !
- J'invoque le feu de Dieu pour **brûler tout joug spirituel, tout contrat satanique et tout autel** érigé dans l'esprit pour asservir ou piéger nos destinées.

« Il n'y a pas de sortilège contre Jacob, ni de divination contre Israël. » — *Nombres 23:23*

2. Purification et protection de soi, des enfants et de la famille :

- Je plaide le sang de Jésus sur mon **esprit, mon âme, mon esprit, mon corps, mes émotions, ma famille, mes enfants et mon travail.**
- Je déclare : Moi et ma maison sommes **scellés par le Saint-Esprit et cachés avec Christ en Dieu.**
- Aucune arme forgée contre nous ne réussira. Toute langue qui profère du mal contre nous est **jugée et réduite au silence** au nom de Jésus.

- Je renonce et chasse tout **esprit de peur, de tourment, de confusion, de séduction ou de contrôle**.

« Je suis l'Éternel, qui anéantit les présages des menteurs... » — *Ésaïe 44:25*

3. Restauration de l'identité, du but et de l'esprit sain :

- Je récupère chaque partie de mon âme et de mon identité qui a été **échangée, piégée ou volée** par tromperie ou compromis spirituel.
- Je déclare : J'ai l' **esprit du Christ** et je marche dans la clarté, la sagesse et l'autorité.
- Je déclare : je suis **délivré de toute malédiction générationnelle et de toute sorcellerie domestique**, et je marche en alliance avec le Seigneur.

« Dieu ne m'a pas donné un esprit de timidité, mais de force, d'amour et de sagesse. » — *2 Timothée 1:7*

4. Couverture quotidienne et victoire en Christ :

- Je déclare : Aujourd'hui, je marche dans **la protection divine, le discernement et la paix**.
- Le sang de Jésus parle **de meilleures choses** pour moi : protection, guérison, autorité et liberté.
- Toute mission maléfique prévue pour ce jour est annulée. Je marche dans la victoire et le triomphe en Jésus-Christ.

« Il peut en tomber mille à mon côté, et dix mille à ma droite, mais ils ne m'approcheront pas... » — *Psaume 91:7*

DÉCLARATION FINALE ET TÉMOIGNAGE :

« Je surmonte toute forme d'obscurité, de sorcellerie, de nécromancie, de magie, de manipulation psychique, de falsification de l'âme et de transfert spirituel maléfique, non pas par ma force, mais **par le sang de Jésus et la Parole de mon témoignage**. »

« Je déclare : **Je suis délivré. Ma famille est délivrée.** Tout joug caché est brisé. Tout piège est exposé. Toute fausse lumière est éteinte. Je marche dans la liberté. Je marche dans la vérité. Je marche dans la puissance du Saint-Esprit. »

« Le Seigneur confirme la parole de son serviteur et accomplit le conseil de son messager. Ainsi en sera-t-il aujourd'hui et tous les jours à venir. »

Au nom puissant de Jésus, **Amen.**

RÉFÉRENCES BIBLIQUES :

- Ésaïe 44:24–26
- Apocalypse 12:11
- Ésaïe 54:17
- Psaume 91
- Nombres 23:23
- Luc 4:18
- Éphésiens 6:10–18
- Colossiens 3:3
- 2 Timothée 1:7

DÉCLARATION QUOTIDIENNE DE DÉLIVRANCE ET DE DOMINATION À 360° - Partie 3

« *L'Éternel est un homme de guerre ; l'Éternel est son nom.* » — Exode 15:3
« *Ils l'ont vaincu à cause du sang de l'Agneau et à cause de la parole de leur témoignage...* » — Apocalypse 12:11

Aujourd'hui, je me lève et je prends ma place en Christ — assis dans les lieux célestes, bien au-dessus de toutes les principautés, de toutes les puissances, de tous les trônes, de toutes les dominations et de tous les noms qui peuvent être nommés.

JE RENONCE

Je renonce à toute alliance, serment ou initiation, connus ou inconnus :

- Franc-maçonnerie (du 1er au 33e degré)
- Kabbale et mysticisme juif
- Étoile de l'Est et Rosicruciens
- Ordres jésuites et Illuminati
- Confréries sataniques et sectes lucifériennes
- Esprits marins et alliances sous-marines
- Serpents Kundalini, alignements des chakras et activations du troisième œil
- Tromperie New Age, Reiki, yoga chrétien et voyage astral
- Sorcellerie, sorcellerie, nécromancie et contrats astraux
- Liens d'âme occultes issus du sexe, des rituels et des pactes secrets
- Serments maçonniques sur ma lignée et mes sacerdoces ancestraux

Je coupe tout cordon ombilical spirituel pour :

- Anciens autels de sang
- Faux feu prophétique
- Époux spirituels et envahisseurs de rêves
- Géométrie sacrée, codes de lumière et doctrines de loi universelle
- Faux christs, esprits familiers et faux esprits saints

Que le sang de Jésus parle en ma faveur. Que tout contrat soit rompu. Que tout autel soit brisé. Que toute identité démoniaque soit effacée — maintenant !

JE DÉCLARE

Je déclare :

- Mon corps est un temple vivant du Saint-Esprit.
- Mon esprit est gardé par le casque du salut.
- Mon âme est sanctifiée quotidiennement par le lavage de la Parole.
- Mon sang est purifié par le Calvaire.
- Mes rêves sont scellés dans la lumière.
- Mon nom est écrit dans le Livre de Vie de l'Agneau — pas dans un registre occulte, une loge, un journal de bord, un parchemin ou un sceau !

JE COMMANDE

Je commande :

- Chaque agent des ténèbres — observateurs, moniteurs, projecteurs astraux — doit être aveuglé et dispersé.
- Que chaque lien avec le monde souterrain, le monde marin et le plan astral soit brisé !
- Toute marque sombre, implant, blessure rituelle ou marque spirituelle — soyez purgé par le feu !
- Tout esprit familier qui murmure des mensonges — soyez silencieux maintenant !

JE ME DÉSENGAGE

Je me désengage de :

- Toutes les chronologies démoniaques, prisons d'âmes et cages spirituelles
- Tous les classements et diplômes des sociétés secrètes
- Tous les faux manteaux, trônes ou couronnes que j'ai portés
- Toute identité qui n'est pas créée par Dieu
- Chaque alliance, amitié ou relation renforcée par des systèmes obscurs

J'ÉTABLI
J'établis :

- Un pare-feu de gloire autour de moi et de ma famille
- Des anges saints à chaque porte, portail, fenêtre et chemin
- La pureté dans mes médias, ma musique, mes souvenirs et mon esprit
- La vérité dans mes amitiés, mon ministère, mon mariage et ma mission
- Communion ininterrompue avec le Saint-Esprit

JE SOUMETS
Je me soumets entièrement à Jésus-Christ —
l'Agneau qui a été immolé, le Roi qui règne , le Lion qui rugit.
Je choisis la lumière. Je choisis la vérité. Je choisis l'obéissance.
Je n'appartiens pas aux royaumes obscurs de ce monde.
J'appartiens au Royaume de notre Dieu et de son Christ.

JE PRÉVOIS L'ENNEMI
Par cette déclaration, j'avise :

- Chaque principauté de haut rang
- Tout esprit dirigeant sur les villes, les lignées et les nations
- Chaque voyageur astral, sorcière, sorcier ou étoile déchue...

Je suis une propriété intouchable.

Mon nom ne figure pas dans vos archives. Mon âme n'est pas à vendre. Mes rêves sont sous votre contrôle. Mon corps n'est pas votre temple. Mon avenir n'est pas votre terrain de jeu. Je ne retournerai pas à l'esclavage. Je ne répéterai pas les cycles ancestraux. Je ne porterai pas de feu étranger. Je ne serai pas un lieu de repos pour les serpents.

JE SCELLE

Je scelle cette déclaration avec :

- Le sang de Jésus
- Le feu du Saint-Esprit
- L'autorité de la Parole
- L'unité du Corps du Christ
- Le son de mon témoignage

Au nom de Jésus, Amen et Amen

CONCLUSION : DE LA SURVIE À LA FILIATION — RESTER LIBRE, VIVRE LIBRE, LIBÉRER LES AUTRES

« *Demeurez donc fermes dans la liberté que Christ nous a donnée, et ne vous laissez pas mettre de nouveau sous le joug de la servitude.* » — Galates 5:1
« *Il les a fait sortir des ténèbres et de l'ombre de la mort, et a brisé leurs chaînes.* » — Psaume 107:14

Ces 40 jours n'ont jamais été uniquement consacrés à la connaissance. Ils ont été consacrés **à la guerre**, **à l'éveil** et **à la conquête de la domination**.

Vous avez vu comment le royaume des ténèbres opère – subtilement, générationnellement, parfois ouvertement. Vous avez traversé des portes ancestrales, des royaumes oniriques, des pactes occultes, des rituels universels et des tourments spirituels. Vous avez rencontré des témoignages de souffrances inimaginables, mais aussi **de délivrances radicales**. Vous avez brisé des autels, renoncé à des mensonges et affronté des choses que bien des chairs ont trop peur de nommer.

MAIS CE N'EST PAS LA FIN.

Maintenant commence le véritable voyage : **préserver sa liberté. Vivre dans l'Esprit. Montrer aux autres la voie à suivre.**

Il est facile de traverser 40 jours de feu et de retourner en Égypte. Il est facile de démolir des autels pour ensuite les reconstruire dans la solitude, la luxure ou la fatigue spirituelle.

Ne le faites pas.

Tu n'es plus **esclave des cycles**. Tu es un **gardien** sur la muraille. Un **gardien** pour ta famille. Un **guerrier** pour ta ville. Une **voix** pour les nations.

7 CHARGES FINALES POUR CEUX QUI MARCHERONT DANS LA DOMINATION

1. **Gardez vos portes.**
   Ne rouvrez pas les portes spirituelles par le compromis, la rébellion, les relations ou la curiosité.
   « *Ne donnez pas accès au diable.* » — Éphésiens 4:27
2. **Disciplinez votre appétit.**
   Le jeûne devrait faire partie de votre rythme mensuel. Il réaligne l'âme et maintient votre chair sous contrôle.
3. **Engagez-vous à la pureté.**
   Émotionnelle, sexuelle, verbale, visuelle. L'impureté est la porte numéro un que les démons utilisent pour revenir.
4. **Maîtriser la Parole**
   . L'Écriture n'est pas facultative. Elle est votre épée, votre bouclier et votre pain quotidien. « *Que la parole de Christ habite en vous abondamment...* » (Col. 3:16)
5. **Trouvez votre tribu.**
   La délivrance n'a jamais été conçue pour être accomplie seul. Construisez, servez et guérissez dans une communauté remplie de l'Esprit.
6. **Accepter la souffrance.**
   Oui, la souffrance. Tous les tourments ne sont pas démoniaques. Certains sont sanctifiants. Traversez-les. La gloire vous attend.
   « *Après avoir souffert un peu de temps... il vous fortifiera, vous affermira et vous rendra inébranlables.* » — 1 Pierre 5:10
7. **Enseignez aux autres.**
   Vous avez reçu gratuitement, donnez maintenant gratuitement. Aidez les autres à devenir libres. Commencez par votre foyer, votre entourage, votre église.

DE LIVRÉ À DISCIPLE

Ce livre de dévotion est un cri mondial — non seulement pour la guérison, mais aussi pour qu'une armée se lève.

Il est **temps de bergers** qui sentent la guerre.

Il est **temps de prophètes** qui ne reculent pas devant les serpents.

Il est **temps de mères et de pères** qui rompent les pactes générationnels et élèvent des autels de vérité.

Il est **temps que les nations** soient averties et que l'Église cesse de se taire.

VOUS FAITES LA DIFFÉRENCE

Votre destination est importante. Ce que vous portez est important. Les ténèbres dont vous avez été tiré constituent le territoire même sur lequel vous avez désormais autorité.

La délivrance était votre droit de naissance. La domination est votre manteau.

Maintenant, marche dedans.

PRIÈRE FINALE

Seigneur Jésus, merci d'avoir marché avec moi ces 40 jours. Merci d'avoir exposé les ténèbres, brisé les chaînes et appelé à un lieu plus élevé. Je refuse de revenir en arrière. Je romps tout accord par la peur, le doute et l'échec. J'accepte ma mission du royaume avec audace. Utilise-moi pour libérer les autres. Remplis-moi du Saint-Esprit chaque jour. Que ma vie devienne une arme de lumière – dans ma famille, dans ma nation, dans le Corps du Christ. Je ne me tairai pas. Je ne serai pas vaincu. Je n'abandonnerai pas. Je marche des ténèbres vers la domination. Pour toujours. Au nom de Jésus. Amen.

Comment naître de nouveau et commencer une nouvelle vie avec Christ

Peut-être avez-vous déjà marché avec Jésus, ou peut-être venez-vous de le rencontrer au cours de ces 40 jours. Mais en ce moment, quelque chose en vous s'agite.

Tu es prêt pour plus que la religion.

Tu es prêt pour **une relation**.

Tu es prêt à dire : « Jésus, j'ai besoin de toi. »

Voici la vérité :

« Car tous ont péché ; nous sommes tous privés de la gloire de Dieu... et Dieu, dans sa grâce, nous rend justes devant lui. »

— Romains 3:23–24 (LSG)

Vous ne pouvez pas gagner le salut.

Vous ne pouvez pas vous guérir vous-même. Mais Jésus a déjà payé le prix fort, et il vous attend pour vous accueillir.

Comment naître de nouveau

ÊTRE NÉ DE NOUVEAU signifie abandonner votre vie à Jésus, accepter son pardon, croire qu'il est mort et ressuscité, et le recevoir comme votre Seigneur et Sauveur.

C'est simple. C'est puissant. Ça change tout.

Priez ceci à voix haute :

SEIGNEUR JÉSUS, JE crois que tu es le Fils de Dieu.

Je crois que tu es mort pour mes péchés et ressuscité.

Je confesse que j'ai péché et que j'ai besoin de ton pardon.

Aujourd'hui, je me repens et je me détourne de mes anciennes habitudes.

Je t'invite à entrer dans ma vie pour être mon Seigneur et Sauveur.
Purifie-moi. Remplis-moi de ton Esprit.
Je déclare que je suis né de nouveau, pardonné et libre.
À partir d'aujourd'hui, je te suivrai
et je vivrai sur tes traces.
Merci de m'avoir sauvé. Au nom de Jésus, amen.

Prochaines étapes après le salut

1. **Parlez-en à quelqu'un** – Partagez votre décision avec un croyant en qui vous avez confiance.
2. **Trouvez une église biblique** – Rejoignez une communauté qui enseigne la Parole de Dieu et la met en pratique. Visitez les ministères de l'Aigle de Dieu en ligne sur https://www.otakada.org [1] ou https://chat.whatsapp.com/H67spSun32DDTma8TLh0ov
3. **Faites-vous baptiser** – Passez à l'étape suivante en déclarant publiquement votre foi.
4. **Lisez la Bible quotidiennement** – Commencez par l'Évangile de Jean.
5. **Priez tous les jours** – Parlez à Dieu comme à un ami et à un Père.
6. **Restez connecté** – Entourez-vous de personnes qui encouragent votre nouvelle marche.
7. **Démarrez un processus de discipulat au sein de la communauté** – Développez une relation individuelle avec Jésus-Christ via ces liens

Discipleship de 40 jours 1 - https://www.otakada.org/get-free-40-days-online-discipleship-course-in-a-journey-with-jesus/

40 Discipleship 2 - https://www.otakada.org/get-free-40-days-dna-of-discipleship-journey-with-jesus-series-2/

---

1. https://www.otakada.org

Mon moment de salut

Date : _____
     Signature : _____

« *Si quelqu'un est en Christ, il est une nouvelle créature. Les choses anciennes sont passées, toutes choses sont devenues nouvelles !* »
— 2 Corinthiens 5:17

Certificat de nouvelle vie en Christ

Déclaration de salut – Né de nouveau par la grâce

Ceci certifie que

_____

(NOM ET PRÉNOM)

a déclaré publiquement **sa foi en Jésus-Christ** comme Seigneur et Sauveur et a reçu le don gratuit du salut par sa mort et sa résurrection.

« *Si tu confesses le Seigneur Jésus, et si tu crois dans ton cœur que Dieu l'a ressuscité des morts, tu seras sauvé.* »
— Romains 10:9 (LSG)

En ce jour, le ciel se réjouit et un nouveau voyage commence.

Date de la décision : _____

Signature : _____

Déclaration de salut

AUJOURD'HUI, JE REMETS ma vie à Jésus-Christ.

Je crois qu'il est mort pour mes péchés et qu'il est ressuscité. Je le reçois comme mon Seigneur et Sauveur. Je suis pardonné, né de nouveau et renouvelé. À partir de maintenant, je marcherai sur ses traces.

Bienvenue dans la Famille de Dieu !

TON NOM EST INSCRIT dans le Livre de Vie de l'Agneau.

Ton histoire ne fait que commencer — et elle est éternelle.

CONNECTEZ-VOUS AVEC LES MINISTÈRES DE L'AIGLE DE DIEU

- Site Web : www.otakada.org[1]
- Série « La richesse au-delà des soucis » : www.wealthbeyondworryseries.com[2]
- Courriel : ambassador@otakada.org

- **Soutenez ce travail :**

Soutenez les projets du royaume, les missions et les ressources mondiales gratuites grâce à des dons guidés par l'alliance.
Scannez le code QR pour donner
https://tithe.ly/give?c=308311
Votre générosité nous aide à atteindre plus de personnes, à traduire des ressources, à soutenir des missionnaires et à bâtir des systèmes de formation de disciples à l'échelle mondiale. Merci !

---

1. https://www.otakada.org
2. https://www.wealthbeyondworryseries.com

3. REJOIGNEZ NOTRE communauté WhatsApp Covenant

Recevez des mises à jour, du contenu dévotionnel et connectez-vous avec des croyants soucieux de l'alliance dans le monde entier.

Numériser pour rejoindre
https://chat.whatsapp.com/H67spSun32DDTma8TLh0ov

LIVRES ET RESSOURCES RECOMMANDÉS

- *Libéré du pouvoir des ténèbres* (**Broché**) — Acheter ici [1] | Ebook [2] sur Amazon [3]

- **Meilleurs avis des États-Unis :**
    - **Client Kindle** : « La meilleure lecture chrétienne de tous les temps ! » (5 étoiles)

---

1. https://shop.ingramspark.com/b/084?params=oeYbAkVTC5ao8PfdVdzwko7wi6IQimgJY2779NaqG4e
2. https://www.amazon.com/Delivered-Power-Darkness-AFRICAN-DELIVERED-ebook/dp/B0CC5MM4MV
3. https://www.amazon.com/Delivered-Power-Darkness-AFRICAN-DELIVERED-ebook/dp/B0CC5MM4MV

LOUEZ JÉSUS POUR CE témoignage. J'ai été si béni et je recommande à chacun de lire ce livre... Car le salaire du péché, c'est la mort, mais le don gratuit de Dieu, c'est la vie éternelle. Shalom ! Shalom !

- **Da Gster** : « C'est un livre très intéressant et plutôt étrange. » (5 étoiles)

Si ce qui est dit dans le livre est vrai, alors nous sommes vraiment très en retard sur ce que l'ennemi est capable de faire ! ... Un incontournable pour quiconque souhaite en savoir plus sur la guerre spirituelle.

- **Visa** : « J'adore ce livre » (5 étoiles)

C'est une révélation... une véritable confession... Ces derniers temps, je l'ai cherché partout pour l'acheter. Je suis tellement contente de l'avoir trouvé sur Amazon.

- **FrankJM** : « Tout à fait différent » (4 étoiles)

Ce livre me rappelle à quel point le combat spirituel est réel. Il me rappelle aussi la raison pour laquelle il faut revêtir « l'armure complète de Dieu ».

- **JenJen** : « Tous ceux qui veulent aller au paradis, lisez ceci ! » (5 étoiles)

Ce livre a profondément changé ma vie. Associé au témoignage de John Ramirez, il vous fera porter un regard différent sur votre foi. Je l'ai lu six fois !

- *Ex-sataniste : L'échange de James* (Broché) — **Acheter ici** [4]| Ebook [5] sur Amazon [6]

---

4. https://shop.ingramspark.com/b/084?params=I2HNGtbqJRbal8OxU3RMTApQsLLxcUCTC8zUdzDy0W1

5. https://www.amazon.com/JAMESES-Exchange-Testimony-High-Ranking-Encounters-ebook/dp/B0DJP14JLH

6. https://www.amazon.com/JAMESES-Exchange-Testimony-High-Ranking-Encounters-ebook/dp/B0DJP14JLH

- ***TÉMOIGNAGE D'UN EX-SATANISTE AFRICAIN*** - *Pasteur Jonas Lukuntu MPALA* (Broché) — Acheter ici [7] | Ebook [8] sur Amazon[9]

- *Greater Exploits 14* (Broché) — **Acheter ici** [10] | **Ebook** [11] sur Amazon[12]

---

7. https://shop.ingramspark.com/b/084?params=0Aj9Sze4cYoLM5OqWrD20kgknXQQqO5AZYXcWtoMqWN
8. https://www.amazon.com/TESTIMONY-African-EX-SATANIST-Pastor-Jonas-ebook/dp/B0DJDLFKNR
9. https://www.amazon.com/TESTIMONY-African-EX-SATANIST-Pastor-Jonas-ebook/dp/B0DJDLFKNR
10. https://shop.ingramspark.com/b/084?params=772LXinQn9nCWcgq572PDsqPjkTJmpgSqrp88b0qzKb
11. https://www.amazon.com/Greater-Exploits-MYSTERIOUS-Strategies-Countermeasures-ebook/dp/B0CGHYPZ8V
12. https://www.amazon.com/Greater-Exploits-MYSTERIOUS-Strategies-Countermeasures-ebook/dp/B0CGHYPZ8V

- *Out of the Devil's Cauldron* de John Ramirez — Disponible sur Amazon[13]
- *Il est venu libérer les captifs* par Rebecca Brown — Trouver sur Amazon[14]

Autres livres publiés par l'auteur – Plus de 500 titres
Aimé, choisi et entier : un voyage de 30 jours du rejet à **la restauration**
traduit en 40 langues du monde
https://www.amazon.com/Loved-Chosen-Whole-Rejection-Restoration-ebook/dp/B0F9VSD8WL
https://shop.ingramspark.com/b/084?params=xga0WR16muFUwCoeMUBHQ6HwYjddLGpugQHb3DVa5hE

---

13. https://www.amazon.com/Out-Devils-Cauldron-John-Ramirez/dp/0985604306
14. https://www.amazon.com/He-Came-Set-Captives-Free/dp/0883683239

Sur ses pas — Un défi WWJD de 40 jours :
Vivre comme Jésus dans des histoires réelles du monde entier
https://www.amazon.com/His-Steps-Challenge-Real-Life-Stories-ebook/dp/B0FCYTL5MG
https://shop.ingramspark.com/b/084?params=DuNTWS59IbkvSKtGFbCbEFdv3Zg0FaITUEvlK49yLzB

JÉSUS À LA PORTE :
40 histoires déchirantes et l'avertissement final du ciel aux églises d'aujourd'hui

https://www.amazon.com/dp/B0FDX31L9F

https://shop.ingramspark.com/b/084?params=TpdA5j8WPvw83glJ12N1B3nf8LQte2a1lIEy32bHcGg

VIE D'ALLIANCE : 40 jours de marche dans la bénédiction de Deutéronome 28

- https://www.amazon.com/dp/B0FFJCLDB5

Histoires de vraies personnes, d'obéissance réelle et de vraies
https://shop.ingramspark.com/b/084?params=bH3pzfz1zdCOLpbs7tZYJNYgGcYfU32VMz3J3a4e2Qt

Transformation dans plus de 20 langues

LA CONNAÎTRE ET LE CONNAÎTRE :
40 jours pour guérir, comprendre et vivre un amour durable

HTTPS://WWW.AMAZON.com/KNOWING-HER-HIM-Healing-Understanding-ebook/dp/B0FGC4V3D9[15]
https://shop.ingramspark.com/b/084?params=vC6KCLoI7Nnum24BVmBtSme9i6k59p3oynaZOY4B9Rd

COMPLET, PAS CONCURRENT :
Un voyage de 40 jours vers le but, l'unité et la collaboration

---

15. https://www.amazon.com/KNOWING-HER-HIM-Healing-Understanding-ebook/dp/B0FGC4V3D9

HTTPS://SHOP.INGRAMSPARK.com/b/084?params=5E4v1tHgeTqOOuEtfTYUzZDzLyXLee30cqYo0Ov9941[16]

https://www.amazon.com/COMPLETE-NOT-COMPETE-Journey-Collaboration-ebook/dp/B0FGGL1XSQ/

CODE DE SANTÉ DIVINE - 40 clés quotidiennes pour activer la guérison par la Parole et la création de Dieu. Libérez le pouvoir de guérison des plantes, de la prière et de l'action prophétique.

---

16. https://shop.ingramspark.com/b/084?params=5E4v1tHgeTqOOuEtfTYUzZ.DzLyXLee30cqYo0Ov9941

https://shop.ingramspark.com/b/
084?params=xkZMrYcEHnrJDhe1wuHHYixZDViiArCeJ6PbNMTbTux
https://www.amazon.com/dp/B0FHJT42TK

D'AUTRES LIVRES PEUVENT être trouvés sur la page de l'auteur
https://www.amazon.com/stores/Ambassador-Monday-O.-Ogbe/author/B07MSBPFNX

ANNEXE (1-6) : RESSOURCES POUR MAINTENIR LA LIBERTÉ ET UNE DÉLIVRANCE PLUS PROFONDE

ANNEXE 1 : Prière pour discerner la sorcellerie cachée, les pratiques occultes ou les autels étranges dans l'Église

« *Fils de l'homme, vois-tu ce qu'ils font dans les ténèbres... ?* » — Ézéchiel 8:12

« *Et ne prends pas part aux œuvres infructueuses des ténèbres, mais plutôt dénonce-les.* » — Éphésiens 5:11

Prière pour le discernement et l'exposition :

Seigneur Jésus, ouvre mes yeux pour que je voie ce que tu vois. Que tout feu étranger, tout autel secret, toute opération occulte cachée derrière les chaires, les bancs ou les pratiques soient dévoilés. Enlève les voiles. Révèle l'idolâtrie déguisée en adoration, la manipulation déguisée en prophétie et la perversion déguisée en grâce. Purifie mon assemblée locale. Si je fais partie d'une communauté compromise, conduis-moi en sécurité. Érige des autels purs. Mains pures. Cœurs saints. Au nom de Jésus. Amen.

ANNEXE 2 : Protocole de renonciation et de nettoyage des médias

« Je ne mettrai rien de mauvais devant mes yeux... » — Psaume 101:3
Étapes pour nettoyer votre vie médiatique :

1. **Auditez** tout : films, musique, jeux, livres, plateformes.
2. **Demandez-vous :** Est-ce que cela glorifie Dieu ? Est-ce que cela ouvre la porte aux ténèbres (par exemple, l'horreur, la luxure, la sorcellerie, la violence ou les thèmes New Age) ?
3. **Renoncer :**

Je renonce à tout portail démoniaque ouvert par des médias impies. Je me déconnecte de tout lien avec les célébrités, les créateurs, les personnages et les histoires véhiculés par l'ennemi.

1. **Supprimer et détruire** : supprimez physiquement et numériquement le contenu.
2. **Remplacez** -les par des alternatives pieuses : culte, enseignements, témoignages, films sains.

ANNEXE 3 : Franc-maçonnerie, Kabbale, Kundalini, Sorcellerie, Écriture de renonciation occulte

« *Ne vous associez pas aux œuvres vaines des ténèbres...* » — Éphésiens 5:11

Dites à voix haute :

Au nom de Jésus-Christ, je renonce à tout serment, rituel, symbole et initiation à toute société secrète ou ordre occulte, consciemment ou non. Je rejette tout lien avec :

- **Franc-maçonnerie** – Tous les degrés, symboles, serments de sang, malédictions et idolâtrie.
- **Kabbale** – mysticisme juif, lectures du Zohar, invocations de l'arbre de vie ou magie des anges.
- **Kundalini** – Ouvertures du troisième œil, éveils du yoga, feu du serpent et alignements des chakras.
- **Sorcellerie et New Age** – Astrologie, tarot, cristaux, rituels lunaires, voyage de l'âme, reiki, magie blanche ou noire.
- **Rosicruciens, Illuminati, Skull & Bones, Serments jésuites, Ordres druidiques, Satanisme, Spiritisme, Santeria, Vaudou, Wicca, Thélème, Gnosticisme, Mystères égyptiens, Rites babyloniens.**

J'annule toute alliance conclue en mon nom. Je coupe tous les liens de ma lignée, de mes rêves ou de mon âme. Je soumets tout mon être au Seigneur Jésus-Christ – esprit, âme et corps. Que toute porte démoniaque soit définitivement fermée par le sang de l'Agneau. Que mon nom soit purifié de toute trace d'obscurité. Amen.

ANNEXE 4 : Guide d'activation de l'huile d'onction

« *Quelqu'un parmi vous est-il affligé ? Qu'il prie. Quelqu'un parmi vous est-il malade ? Qu'ils appellent les anciens... et l'oignent d'huile au nom du Seigneur.* » — Jacques 5:13–14

Comment utiliser l'huile d'onction pour la délivrance et la domination :

- **Front** : Renouveler l'esprit.
- **Oreilles** : Discerner la voix de Dieu.
- **Ventre** : Nettoyage du siège des émotions et de l'esprit.
- **Pieds** : Marcher vers la destinée divine.
- **Portes/Fenêtres** : Fermeture des portes spirituelles et purification des maisons.

Déclaration lors de l'onction :

« Je sanctifie cet espace et ce vase avec l'huile du Saint-Esprit. Aucun démon n'y a accès. Que la gloire du Seigneur habite ce lieu. »

ANNEXE 5 : Renonciation au troisième œil et à la vision surnaturelle provenant de sources occultes

Dites à voix haute :

Au nom de Jésus-Christ, je renonce à toute ouverture de mon troisième œil, que ce soit par un traumatisme, le yoga, un voyage astral, des psychédéliques ou une manipulation spirituelle. Je Te demande, Seigneur, de fermer tous les portails illégaux et de les sceller par le sang de Jésus. Je libère toute vision, intuition ou pouvoir surnaturel qui ne vient pas du Saint-Esprit. Que tout observateur démoniaque, projecteur astral ou entité qui me surveille soit aveuglé et lié au nom de Jésus. Je choisis la pureté plutôt que le pouvoir, l'intimité plutôt que la perspicacité. Amen.

ANNEXE 6 : Ressources vidéo avec témoignages pour la croissance spirituelle

1) commencer à partir de 1,5 minutes - https://www.youtube.com/watch?v=CbFRdraValc

2) https://youtu.be/b6WBHAcwN0k?si=ZUPHzhDVnn1PPIEG
3) https://youtu.be/XvcqdbEIO1M?si=GBlXg-cO-7f09cR[1]
4) https://youtu.be/jSm4r5oEKjE?si=1Z0CPgA33S0Mfvyt
5) https://youtu.be/B2VYQ2-5CQ8?si=9MPNQuA2f2rNtNMH
6) https://youtu.be/MxY2gJzYO-U?si=tr6EMQ6kcKyjkYRs
7) https://youtu.be/ZW0dJAsfJD8?si=Dz0b44I53W_Fz73A
8) https://youtu.be/q6_xMzsj_WA?si=ZTotYKo6Xax9nCWK
9) https://youtu.be/c2ioRBNriG8?si=JDwXwxhe3jZlej1U
10) https://youtu.be/8PqGMMtbAyo?si=UqK_S_hiyJ7rEGz1
11) https://youtu.be/rJXu4RkqvHQ?si=yaRAA_6KIxjm0eOX
12) https://youtu.be/nS_Insp7i_Y?si=ASKLVs6iYdZToLKH
13) https://youtu.be/-EU83j_eXac?si=-jG4StQOw7S0aNaL
14) https://youtu.be/_r4Jyzs2EDk?si=tldAtKOB_3-J_j_C
15) https://youtu.be/KiiUPLaV7xQ?si=I4x7aVmbgbrtXF_S
16) https://youtu.be/68m037cPEu0?si=XpuyyEzGfK1qWYRt
17) https://youtu.be/z4zlp9_aRQg?si=DR3lDYTt632E96a6
18) https://youtube.com/shorts/H_90n-QZU5Q?si=uLPScVXm81DqU6ds

---

1. https://youtu.be/XvcqdbEIO1M?si=GBlXg-c-O-7f09cR

AVERTISSEMENT FINAL : Vous ne pouvez pas jouer avec ça

LA DÉLIVRANCE N'EST pas un divertissement. C'est une guerre.

Le renoncement sans repentir n'est que du bruit. La curiosité n'est pas synonyme d'appel. Il y a des choses dont on ne se remet pas facilement.

Alors, comptez le prix. Marchez dans la pureté. Gardez vos portes.

Car les démons ne respectent pas le bruit, seulement l'autorité.

www.ingramcontent.com/pod-product-compliance
Lightning Source LLC
Chambersburg PA
CBHW072012030526
44119CB00064B/609